本书得到湘南学院湖南省终身教育研究基地资助

基于网络日志的
师范生自主学习研究

张治勇◎著

新 华 出 版 社

图书在版编目（CIP）数据

基于网络日志的师范生自主学习研究 / 张治勇著

. -- 北京：新华出版社，2023.7

ISBN 978-7-5166-6917-4

Ⅰ . ①基… Ⅱ . ①张… Ⅲ . ①高等师范教育 - 网络教

育 - 研究 - 中国 Ⅳ . ① G649.2

中国国家版本馆 CIP 数据核字 (2023) 第 138192 号

基于网络日志的师范生自主学习研究

作　　者：张治勇

选题策划：唐波勇

责任编辑：张云杰　　　　　　　　　封面设计：优盛文化

出版发行：新华出版社

地　　址：北京石景山区京原路 8 号　　　邮　　编：100040

网　　址：http://www.xinhuapub.com

经　　销：新华书店、新华出版社天猫旗舰店、京东旗舰店及各大网店

购书热线：010-63077122　　　　中国新闻书店购书热线：010-63072012

照　　排：优盛文化

印　　刷：石家庄汇展印刷有限公司

成品尺寸：170mm×240mm

印　　张：13　　　　　　　　　　　字　　数：180 千字

版　　次：2023 年 7 月第一版　　　　印　　次：2023 年 7 月第一次印刷

书　　号：ISBN 978-7-5166-6917-4

定　　价：78.00 元

前　言

　　《国家中长期教育改革和发展规划纲要（2010—2020 年）》明确指出：
"强化信息技术应用。提高教师应用信息技术水平，更新教学观念，改进
教学方法，提高教学效果，鼓励学生利用信息手段主动学习、自主学习。"
高师教育信息化一方面是教师借助信息技术开展信息化教育，另一方面是
师范生应用信息技术进行自主学习。然而，从我国高师教育的实际情况来
看，存在预成的教学思维方式和独白的教学实践形态、在线课程与面对面
课程缺乏整合、学习评价缺乏帮助师范生改善表现和促进学习等问题，导
致大多数师范生还局限于依靠教师讲解来获取现成的书本知识，不能有效
利用信息技术手段进行自主学习。网络日志这一社会化软件在教育领域的
应用，是网络化学习利器，是高师教育信息化教学和帅范生自主学习的网
络平台。师范生可以利用网络日志获取和分享知识与信息，记录学习收
获、进展与困惑，展示学习成就，结交学习伙伴，进行自主学习和学习性
评价。

　　本书包含 5 个专题，围绕如何应用网络日志促进师范生自主学习这
一主题，沿着理论和实践相结合的思路，采用多种研究方法，从多学科、
多角度分析师范生应用网络日志自主学习的理论基础，探索师范生应用网
络日志自主学习的整体设计，并通过具体案例的实证分析，发现师范生自
主学习存在的问题及原因，提出解决的思路和策略。

　　本书可作为高等师范院校师范类专业学生应用信息技术自主学习的
参考书，也可作为高校教师从事相关研究的参考资料。

本书在写作过程中借鉴与吸纳了诸多学者的相关成果，在此深表谢忱！由于作者学术水平有限，疏漏之处在所难免，敬请广大读者批评指正。

湘南学院　张治勇

目 录

第一章　绪论

第一节 教育信息化背景下师范生的自主学习

一、研究背景

随着科学技术的发展，特别是以多媒体和网络为代表的现代信息技术的发展，人类历史进入了一个崭新的社会形态——网络信息社会。在网络信息社会，信息网络化作为一个核心概念已渗透到社会政治、经济、文化、教育等各个领域，并深入人们日常生活的方方面面，深刻地改变着人们的生活方式、学习方式和工作方式。信息网络化带来了知识传播方式的根本性变化。在文字发明之前，知识的传播仅仅依靠年长一代向年轻一代言传身教；在文字发明之后，知识的传播以文字的形式并借助传统纸质媒体，实现信息在一定的范围内传播。在多媒体和网络为代表的网络信息社会，知识的传播不再仅仅依靠文字的形式，借助传统纸质媒体在一定的范围内传播，而是以数字化的形式，借助网络等新兴媒体在全世界范围进行传播。新兴传播媒体对各种文本资料、图形、图像、音频和视频等信息的开放性传播，不仅扩展了知识的传播范围，提供了很多的知识来源，加速了知识的创生进程，使得"信息爆炸"和知识迅速更新换代成为常态，而且也为学习者随时随地的在全世界范围获取各种数字化信息，进行自主学习，提供了很大的便利。

高等师范院校教师教育（以下简称高师教育）是教师教育体系的有机组成部分。它承担着为未来学校培养合格、优秀师资的教育任务。师范生是今天的准教师，明天的教师，他们是学校教育的希望，是学校的未来，直接关系到素质教育的实施，关系到基础教育教学质量的高低。在网络信息社会和知识传播方式发生根本性变化的双重背景下，世界各国教育部门普遍重视高师教育信息化。世界上多数国家都把加快高师教育信息化进程，提升高师教育信息化水平，提高教师教育质量，努力培养富有信息化素养的高素质师资作为教师教育改革和发展的重要目标之一。

在我国，2001年7月，"教育信息化"正式载入《全国教育事业第十个五年计划》，并列为全国教育事业"十五"规划的战略要点。2004年2月，教育部《2003—2007年教育振兴行动计划》明确提出实施，"教育信息化建设工程"。2010年7月，国务院《国家中长期教育改革和发展规划纲要（2010—2020年）》提出："加快教育信息化进程。强化信息技术应用，提高教师应用信息技术水平，更新教学观念，改进教学方法，提高教学效果。鼓励学生利用信息手段主动学习、自主学习，增强运用信息技术分析解决问题能力。"2018年4月教育部印发《教育信息化2.0行动计划》，明确指出："充分激发信息技术对教育的革命性影响，推动教育观念更新、模式变革、体系重构，需要针对新问题举起新旗帜、提出新目标、运用新手段、制定新举措。"2022年10月党的二十大报告提出："推进教育数字化，建设全民终身学习的学习型社会、学习型大国。"从国家纲领性文件对教育信息化的重视程度，可以看出，以教育信息化促进教育现代化，从而实现教育事业新的跨越式发展，建设教育强国是我国教育改革和发展的主要目标之一。

教育信息化必将要求高师教育信息化，这意味着高师教育的教育理念、课程设计、教学模式、教师教的方式、学生学的方式以及学习评价的方式等方面将发生根本性变化，从而深刻地影响着高师教育的各个层面，有效促进高师教育现代化。高师教育信息化具有六个方面的特征：一是促进教师教育理念的变革。传统高师教育中教师的权威往往建立在师范生的被动与缺乏知识的基础之上，高师教育信息化意味着教师的角色将发生转变，教师不再是知识的唯一拥有者，也不再是知识的传授者与灌输者，而是师范生学习的指导者、帮助者与合作者，重在引导师范生学习的自觉性，明确学习责任，激发学习的动机和热情，促进师范生积极参与教学过程，为其营造自主学习、协作学习、深度学习的问题情境，促进师范生自主学习，习得作为一名教师应具备的核心素养。二是强化现代信息技术的应用。以多媒体和网络为代表的现代信息技术必将在教师的教学、师范生的学习、课程知识的传递、师范生的学习评价等方面发挥重要作用。三是注重课程传递方式的整合。在网络信息社会，网络作为知识传递的主流媒介，在线课程（网络课程）正在逐步壮大起来，并受到学习者的欢迎。我国有代表性的在线课程是国家级、省级、校级三级精品课程体系。但是，在线课程缺乏面对面的情感交流，学习者缺乏身临其境的体验感，容易产生孤独，所以面对面课程也是不可或缺的。因此，如何有效整合两种课程——混合课程开发，发挥各自的优势，弥补各自的不足显得尤为重要。四是促进师范生自主学习。信息技术的应用，将改变传统高师教育中学生的被动地位，师范生可以结合自身特点，自觉确定学习目标，制定学习计划，选择学习内容和方法，自我调节学习进度，做到自主学习、协作学习和深度学习。五是进行学习性评价。传统的师范生学习评价重视结果性评价，把成绩作为区分学生优劣的最主要标准，并以此进行奖惩，而没有更好地促进师范生今后的学习和发展。应用信息技术手段能详细记录和展示师范生的真实性表现、学习过程，并以此为依据对师范生的学习情况做出事实判断，促进师范生改善表现，为师范生的学习和发展服务。六是构建学习型社会。随着计算机网络的普及，信息高速公路可以连接到地球的每一个角落，"地球村"由观念变为现实。现代信息技术特别是互联网为人们提供了开放性的学习机会，凭借互联网人们可以超越时间和空间的限制自由选择自己感兴趣的学校、课程和教师。现代信息技术将正规教育和非正规教育融为一体，为每个人提供进修和丰富知识的可能性，为全民学习、终身学习的学习型社会的实现提供了基础。正如比尔·盖茨在《未来之路》中提到的，"信息高速公路使得教育的最终目标将会改变，不是为了一纸文凭，而是为了终身受到教育"。

二、教育信息化背景下师范生自主学习存在的问题

传统的高师教育依靠纸质文本作为知识传播的主要载体，课堂教学以教师的讲解为主，把理论性知识的传承作为高师教育的核心内容，注重教师教学的主体性，忽视了师范生学习的积极性和主动性；注重对师范生学习成绩的考核，忽视了对师范生学习过程的关注。高师教育对师范生而言是一种被动性学习。这说明我国高师教育存在一些问题，难以有效支持师范生应用信息技术自主学习。为探索和尝试解决这些问题，我们开展本研究。这些问题具体表现在以下几个方面：

（一）课程设置：学术性与师范性之争

课程是实施教学活动的主要依据。教师教育的培养目标是培养具有扎实的专业知识水平和良好的教育教学实践技能的未来教师，这一目标的实现在很大程度上是依赖于教师教育课程的设置。因为它集中体现了教师教育的培养目标和人才规格，直接关系到未来教师的规格和质量，反映了课程的价值取向以及社会发展对未来教师的素质要求。正因为课程设置在教师教育人才培养质量中具有关键性的基础作用，所以我国从中华人民共和国成立以来，一直重视改革和完善教师教育课程设置，做了很多创新性的工作，取得了很大的成绩，但是也存在着不容忽视的问题，需要认真加以解决。

很长一段时间以来，我国的高师院校一直存在师范性与学术性之争的话题。所谓师范性，是主张"学者未必是良师"，教师是一种专门人才，只有懂得教育教学规律，把握教学艺术的人才能当好老师；所谓学术性，是主张"良师必是学者"，一个称职的教师，必须在学术上有较深的造诣，具备广博的知识背景和所教学科专业知识。目前，绝大多数高师院校课程设置上存在着重视理论知识而忽视实践知识的倾向，即重学术性而轻师范性。高师院校课程由公共基础课程、学科专业课程和教育类课程三个模块

构成。虽然在中也有选修课程和社会实践课程，但所占比重极为有限。总体看，对于体现"教什么"的学科专业课比例约占总课时的 70% ~ 80%，而对于体现"如何教""如何学"的教育学、心理学、教学法等教育类课程比例低于总课时的 10%，加之教育类课程与公共基础课程、学科专业课程三个板块之间缺乏统一整合，致使学生对课程的价值取向失衡，学生重视的只是学科专业课程。这是一种理智取向为本位的教师教育课程观，即知识本位课程观，它以理论性知识为核心，强调知识的系统性与完整性，强调知识基础对于职前教师专业发展是非常重要的。医学专业和法律专业之所以拥有今天的社会地位和社会权利，得益于他们的专业知识和技能。教师欲进行有效的教学，一是自己要拥有"内容"（知识、技能、价值观等），即学科知识；二是要具有帮助学生获得这些"内容"的知识和技能，即教育知识，这两类知识是教学专业最为基本的知识。

在理智取向的教师教育课程观看来，培养合格的未来教师需重视知识的教学，专业知识基础是职前教师行为变化的基础，职前教师学习的重点是知识获得和行为的变化。其理论来源于美国教育家舒尔曼的教学知识基础的主张，强调专门知识在教师职业能力结构中的重要性。他认为，教学本身是一个推理的过程，历经理解、转型、教学、评价、反省而达到新的理解，教师的能力不仅表现在行为上，更体现在心智的运用上。另外，美国霍姆斯小组的《明日之教师》报告指出，要确保教育的质量，必须提高教师的专业水准，提高教师专业水准的重点就是要明确教师专业的知识基础，使教师教育拥有更为坚实的理智基础。

理智取向的教师教育课程观重视职前教师理论知识的获得，却忽视职前教师实践性知识的获得，大大削弱了职前教师的实践环节和教师的专业技能训练，使职前教师教育特色不明显，不能适应教师教育专业发展的要求。这种课程培养出来的学生，其教育教学的实践能力和创新能力往往较弱，适应基础教育教学改革和课程改革的能力也不强，综合素质较差，因而不受中小学的欢迎。如何克服这种课程设置上的弊端，促进教师教育课程改革，正引起人们越来越多地思考和探索。

（二）课程内容：理论与实践的差距

当前，我国教师教育课程多以理智为取向，重视理论性课程，而且课程内容陈旧，理论脱离实际。教师教育课程内容不能反映教育研究的最新理论成果，对职前教师不能给予很好的理论指导，这种情况在我国职前教师教育普遍存在，这主要是对教育研究的前沿动态关注不够，对最新研究成果的采用不够，落后于当今基础教育面临的新情况和新问题，也不能适应新课程中研究性学习的教学以及研究型教师的发展要求。由此产生的结果是，师范生在职前教育阶段虽然较系统地学习了教育教学的理论知识和一般方法，而一旦进入中小学教育具体的实践情境却往往陷入严重的现实冲突。例如，教育学和学科教学论主要阐述教的原理、目标任务、过程原则、方法形式和工作基本环节，它作为一种教育知识的集纳，类似于小型教育辞书、教育词典集萃。在其每一章中，把相关的教育知识，经过抉择与整理，加以罗列，便于初学者入"教育之门"。教育学课程"没有首先让学生熟知定义和概括所需要的种种个别事实"，而是"一开始就用定义、规则，普遍的原则，分类以及类似的东西"。杜威指出，这种"把内行专家的观点当作初学者的起点"是最常见的错误。在对教育现象尚缺乏全面深入的感知和经验准备的前提下，直接引入以概括化的概念、原则、原理、理论等为起点的课程，"是荒唐可笑的，极不合理的"。而对近年来在基础教育实践中有重大影响的综合实践活动课程、网络德育、心理健康教育等问题鲜有涉及。正如孙喜亭教授所言："20 世纪 80 年代以来，各种版本的教育学已有 200 多种，但基本大同小异，因为其理论、结构、体系仍旧出自一个蓝本，即凯洛夫教育学的逻辑体系。"这种只注重理论知识的课程设置，既脱离当代活生生的教育实践，也无法反映网络信息时代的新观点、新方法，明显脱离基础教育实际，缺乏综合课程与综合实践活动课程的教学训练，导致中小学综合实践活动课程的开设找不到适合的教师。

（三）实践课程：实践体验流于形式

教育实习是师范生理论联系实际的一个重要环节。教育实习是为使师范生获得教育体验和熟练掌握教育教学技能，培养和提高其从事实际教育工作的能力，在学校和教师的指导下，组织师范生到教育的第一线进行观察、参与和实际练习的专业教育活动。当前的教育实习存在着实习时间短、实习指导不力、实习过程流于形式、实习管理不到位等一系列的问题。这些问题的存在，使得教育实习难以有效帮助学生实现理论与实践的融合和生成个体化的实践性知识；也难以有效引导学生在实践中内化职业价值、认同职业规范、检验并生成新的教育理念、掌握新的教学方法和教学手段；更难以有效地提高未来教师的教学实践能力。教育实践薄弱已成为教师教育中的突出问题。目前，入职教师存在的最突出问题就是缺乏从事教学的实践能力。虽然造成这种状况的原因是多方面的，但教师教育的课程设置却是一个重要方面，即实践性课程十分薄弱。从我国教育实习的内容来看，基本上都是进行所学专业的学科教学以及一些简单的班主任辅助工作，而后者还要视实习学校的配合程度而定，实习生很少有机会参与学校的其他一些日常管理与活动。从教育实习的时间安排来看，与发达国家相比，则更是显得不足。目前的教育实习一般是十六周时间，而除去动员、准备、总结和结束工作，也只有十二、三周时间。此外，还要备课、指导和见习听课，然后才能真正上讲台讲课，大概不到 20 节课时间。在实习指导方式上也基本上采取实习生到中小学上课的单一模式，缺少创新性。可以说，我国的教师教育实习课程并没有得到足够的重视，很大程度上只是作为教师教育的一种"程序"和"形式"，对许多学生来说，这种实践性课程不过是一种"表演"，没有实战感，学生的实践体验流于形式。

（四）预成的教学思维方式和独白的教学实践形态

在如何认识人的问题上，我国著名哲学家高清海先生曾说："首先不在于你把人看成什么，而在你怎样去看人。"① 同样的道理，对于教学也是如此：首先不在于你将教学看成什么，而在于你采取怎样的方式看待教学。采取不同的方式看待教学，将会看到不同的教学图景，进而会导致不同的教学认识和教学实践活动。用什么方式去看待教学，这就涉及教学思维方式问题。"思维方式是人们用以把握、描述、理解和解释世界的概念框架的组合方式和运作方式。"② 它支配着人们看问题的视角、研究的行为以及解释资料的方法，对实践具有一定的规范与约束作用。教学思维是教师内心思考教学问题的方式。③ 它深深地潜藏在教师的内心深处，反映教师教学认识和实践活动背后的理念，直接规范着教师的行为，是教师心理的深层文化表征。④ 它决定着教师怎样思考和处理教学中面临的各种问题、思考和处理问题的深度和广度以及教学行动应该采取怎样的方案与措施。

在我国高师教育教学中，预成性教学思维方式占据主导地位。所谓预成性思维就是一种"先在设定对象的本质，然后用此种本质来解释对象的存在和发展的思维模式"。⑤ 事物的本质都是先在被设定，即事物的本质在事物过程之先、在事物过程之外预先设定了，任何事物的发展都是按照预先设计的轨道朝着预期的目标前进，简而言之，"本质先定、一切既成"。这实质上是一种僵化的"本质主义"或"简单性"的思维方式。从预成性教学思维审视教学，教学的本质就是教学思维的本质，是教学认识的本质。教学实践只不过是人们预先设定的教学认识和教学思维的"按部

① 高清海. 高清海哲学文存 [M]. 吉林：吉林人民出版社，1997.

② 罗祖兵. 生成性教学及其基本理念 [J]. 课程·教材·教法，2000（10）：28-33.

③ 史宁. 复杂思维视野下的高校德育系统研究 [D]. 大连：辽宁师范大学，2009.

④ 罗祖兵. 生成性教学及其基本理念 [J]. 课程·教材·教法，2000（10）.

⑤ 罗祖兵. 生成性教学及其基本理念 [J]. 课程·教材·教法，2000（10）：28-33.

就班"，是"教师内心教学思维的表征"。在教学活动之前，教师根据课程标准预先确定教学目标，这一目标一旦设定，就不会轻易改变，然后按照这一目标"照方抓药"；教学内容严格按照课程标准的规定，以教科书为主要依据，"原汁原味"地向学生传递知识，学生无权对教学内容进行选择、加工和改造，只有接受和识记既定知识的义务和责任；教学过程按照"输入—产出"的固定程序运行；教学方法以"讲解"为主，提问、讨论、启发诱导等方法都只是教师实现预期目标的一个"道具"，课堂教学中缺乏争鸣，缺乏讨论，课堂气氛呈现"一团和气"；教学情境由教师预先设计好，课堂教学在一种严密控制的情境下进行，不允许出现任何的差错和偶然；教学的效果以学生掌握知识的多少和预设目标之间的吻合程度进行评判。

　　教学的本质不只是教学思维的本质，教学认识及教学思维对教学实践的抽象和解释，更应是教学行动的本质，教学行动对教育认识的现实化或实际化。教学本质是认识的或思维的，更是行动的或实践的，是认识和行动的统一。一味地强调教学思维方式的预成性，常常会导致课堂缺乏生命活力，学生学到的也只不过是一些不具实际效用的书本知识；一味地强调教学思维方式的生成性，可能会导致学生浮于学习的表明，不能深入地理解知识的深层意义。教学既是预成的，也是生成的。在预成中有生成，在生成中有预成。恰如怀特海所说，"大学的理想，与其说是知识，不如说是力量。这种力量究其实质就是智慧的力量，是精神的力量，它不是一种实体的东西，而是一种自觉的责任态度、一种出自本体关怀的眼光、一种反思的问题意识。没有一定的知识积累，就不可能形成这种力量。但是光有一堆简单的事实性知识，同样形成不了彻底渗透一个人全身的原则，即面对问题时做出恰当反应的精神向导。所以说，为师范生提供具有合适结构的知识是必要的，但这些知识如何转化为师范精神以及如何在每一个体身上具体落实这种精神即'道成肉身'实际上是更重要的"①。

在预成性思维的支配下,教学实践便是忠实执行教案的过程,教师最主要的任务就是向学生"灌输"教材内容,教学方法以讲解为主。讲解有助于学生学习新的知识,但是,一味地依靠讲解很容易导致课堂教学变成"满堂灌",学生机械地记忆教师所讲授的内容,学习的积极性和主动性受到压制,学习的自觉性和兴趣就荡然无存,其厌学情绪日益严重。更为糟糕的是,现在社会上有这样一种风气,教师讲解得越多、灌输得越多,就越是好老师;学生越是任由教师灌输,越是不发出一丁点的反抗和质疑,就越是好学生。一味地讲解把学生变成了任由教师灌输的知识存储器。巴西教育家弗莱雷概括了这种教育的十大特征:"教师教,学生被教;教师无所不知,学生一无所知;教师思考,学生被考虑;教师讲,学生听——温顺地听;教师制订纪律,学生遵守纪律;教师做出选择并将这种选择强加于学生,学生唯命是从;教师做出行动,学生则幻想通过教师的行动而行动;教师选择学校内容,学生(没人征求其意见)适应学习内容;教师把自己作为学生自由的对立面而建立起来的专业权威与知识权威混为一谈;教师是学习过程的主体,而学生纯粹是客体。"②这种教学实践形态是预成性教学思维方式支配下的独白教学。它把教学活动框定为一种"授受"的对象化活动,重视教师对学生的控制和塑造,忽视甚至压制学生的质疑和对抗;重视知识的传承和被动掌握,忽视学生创造性思维品质的培养和个性的自由发展;重视教学情景的简单性和条理性,忽视了教学情景的复杂性和丰富性;重视教学过程中的秩序性、规范性和认同性,忽视教学过程中的不确定性、偶然性和批判性。这样的教学否定了教学的动态生成性,放弃了学生学习的自觉性、主动性、能动性和创造性,是以牺

---

① 朱小蔓,杨一鸣.走向自我成长型教师培养的高师素质教育 [J].南京师范大学学报(社会科学版),2002(1):61—65.

② 弗莱雷.被压迫者教育学 [M].上海:华东师范大学出版社,2004.

牲学生学习的兴趣和热情为代价的。于是，教学变成了禁锢学生思维的牢笼，课堂就像一潭死水，缺乏生命活力。学生是学习的仆人，而非主人，导致学生的认识和思维僵化，学生的创造性思维和能力养成就无从谈起。

在预成性教学思维方式和独白教学的双重支配下，我国高师教育的培养重点是显性的理论知识与技能，而非隐性的反思实践能力、自主学习的信念、态度方法及能力。师范生的学习局限在学校、课堂和书本这个小圈子里，没有把世界、社会和生活作为学生的书本，支持的是一种封闭的学习，而非开放的学习。另外，长期以来，我国相当一部分师范生在学习过程中对教师的依赖性很强，是一种被动的学习，而非自主的学习。被动的学习是对人的生命发展规律的漠视。人的生命发展中有一个居于核心与灵魂地位的规律，那就是人的主动性，它以人的素质为核心，是一个人的"脊梁骨"，没有了它的支撑，人就无法"站立"。学习也是同样的道理，如果缺乏了学生的独立性、自主性和创造性，学习也就失去了灵魂。

（五）在线课程与面对面课程缺乏整合

在网络信息时代，为适应教育信息化和知识传播方式的变化，我国高师教育在传统面对面课程的基础上，设计了一系列在线（网络）课程，力图打破面对面课程资源瓶颈的限制，以面对面和在线两种方式传递课程内容，希望以此促进教学资源的共享，为学生自主学习提供支持。但在实践过程中，在线课程大多是面对面课程的"复制"，其具体问题表现为以下方面。

第一，课程传递缺乏有效整合。信息技术的发展对教学理念、教学资源、教学过程、教师的教学方式和学生的学习方式都产生了深刻的影响，要求信息技术环境对"学与教"方式提供有效支持。[1]信息技术对学

---

[1] 刘雍潜，李龙，谢白治.信息技术环境对"学与教"方式的支持[J].中国电化教育，2010（11）:17-21.

生的学习和成长有着重要作用，也是未来的一个发展方向。但不适当的运用，缺乏有效整合的课程设计，将很难有效提高在线课程的教学质量。如我国大部分网络课程主要是网络教学内容的讲解以及大量的文字材料的呈现，个别的还存在着文字教材搬家的现象。这种"图书馆模拟"式的网络课程，既不能充分利用面对面教学的优势，又不能充分利用在线学习的优势，使网络课程没有真正成为推动高等教育发展的有效工具。

第二，交互质量不高。现代远程教育研究认为，网络课程要取得良好的教学效果，高质量的交互是必要的。高质量的交互有助于学习者获得教师、同伴的鼓励和精神支持，得以克服学习困难，减少学习孤独感，增加学习归属感，强化学习动力，激发学习热情，调动学习积极性。但我国网络课程交互的内容主要涉及学科知识，情感交流少，交互质量不高。如张海燕对全国网络课程的调查显示，"在学生与课程内容的交互设计方面，应用较为广泛的交互方式主要是提供学习相关资源，但却只有平均18.4%的课程为学习者设计了如笔记本、电子词典等个性化学习工具；在师生交互设计方面，半数以上的课程采用了电子邮件、学习论坛或测试反馈来实现互动交流，而在线提交、批改作业、学程监控等交互方式则很少有课程实现（平均5.9%）能实现实时视听互动沟通的音、视频会议系统则更是绝无仅有；在学生之间的交互设计方面，只有三分之一左右（平均5.9%）的网络课程设计了学习论坛，只有平均3.8%的课程实现了实时交互使用的学习聊天室"[①]。

第三，学生自主学习缺乏有效支持。网络环境下的学习，要求学习者自主地进行意义建构。自主学习是网络课程的特色，也是其生命力所在。但我国网络课程对学生的自主学习缺乏有效支持。如王丽珍对全国《现代教育技术》网络课程的调查显示，"大部分网络课程在自主性学习方

---

① 张海燕, 陈燕, 刘成新. 网络课程设计与应用调查分析[J]. 中国电化教育, 2006(5):73-76.

面只是体现学习者自己学习这一点，并没有为他们提供种种有利于进行自主学习的资源。虽然大部分网络课程都提供了资源库，但只是提供一些资源链接，有的只是简单地列出了网址，没有任何介绍；有的进行了分类，每一类中都给出了相关的网站；只有少部分为学习者提供了相关专业的搜索引擎。而且，学习资源内容形式单一，多是教师电子教案和一些文献类的文本，没有给学习者设置模拟的学习情境，缺少对学习者进行小组协作、角色扮演、讨论和问题解决学习的设计"[①]。

第四，课程评价方式单一。当前，我国教师教育课程评价基本沿用了传统的测试评价和课后习题的方式，而对于网络学习过程中的多元互动评价、电子学档的学习性评价还远没有引起足够的重视。如张海燕对全国网络课程的调查表明，"我国网络课程学程信息记录的设计和使用还是一块有待开垦的处女地。现有的网络课程设计中，学习信息记录模块包括学习活动记录、作业记录、笔记和测试记录等，目前还没有真正成为网络课程设计的功能模块。这类功能模块不仅设计实现率极低，不足样本总量的十分之一，其应用率更是低得可怜"[②]。传统测试评价重视师范生的期末考试成绩，只是考察了师范生对教师教育课程理论性知识的掌握程度，忽视了师范生的学习过程，对于师范生将来工作真正起作用的实践性知识缺乏关注；传统测试评价以教师评价为主，对学生自评和互评重视不够，学生评价对师范生学习起到的作用微乎其微；传统测试评价主要是用来鉴定师范生的学习情况，作为评选奖学金和优秀学生的依据，而没有着眼于促进师范生将来更好地学习和发展，对师范生的自主学习缺乏有效支持。

---

① 王丽珍.《现代教育技术》公共课网络课程现状调研[J].中国电化教育,2007(3):
57-61.

② 张海燕,陈燕,刘成新.网络课程设计与应用调查分析[J].中国电化教育,2006(5):
73-76.

（六）教学实践形态：独白与对话的交锋

独白教学是预成性思维支配下的"静听"教学形态。预成性思维视域下的教学形态表现为"独白教学"，它认为教学中的所有行为都是由教学本质和教学规律事先规定好了的，教学就是传递客观知识的过程，这些知识来自外部，即自然法则中，是不动、不变的。教学的各个环节都是预先设计的，教学必须按课前的安排，其间不允许有断裂、突变、分岔、偶然性和错误发生。课堂教学便是执行教案的过程。教学的结果是预计的，问题的答案是确定的，教师对学生所有的启发、诱导都不过是为了达到所预想的结果。因而教师只有传递知识的责任，学生也只有接受知识的义务，他们是不可能参与知识的创造的。我国教师教育课程教学还是依赖课堂讲授与各种讲座，与以往相比，只是教学时间和课程门数有所增加而已。一个师范院校的学生，在其职前教师训练的过程中，似乎一直在静听，只有到临近毕业时才有了1个学期的实习。当学生从实习中感到自己存在的问题时，已经没有机会在职前教育阶段得到改善。学生成长为一名优秀教师的过程是基于其广泛统合的学科知识基础上，并通过联系教学实际才能逐渐发展出复杂的教学技能。他的专业发展，要靠实践来锻炼和展现，而非静听就可以成就。所以，职前教师教育课程的教学必须摆脱对"静听"式教学体系的过度依赖，教师教育课程的教学应依据学生的技能和个体的发展水平，频繁地引导学生运用最基本的技巧参与真正的教育教学实践，并逐渐增加复杂程度，学生才有可能学习到愈来愈多复杂、微妙和更统整的行为模式，进而成为教学领域的专家。由此看来，教师教育课程改革的重点不仅仅是在课程结构和课程内容上，其在课程实施领域有更多的问题需要面对，要建立更有效的新型教师教育课程教学体系，不单单是校内教师技能实训基地、校外教师实习基地等硬件建设，更涉及师资培养机构教师长期形成的教学传统及工作方式的转变，而后者也许是今后教师教育课程改革过程中最难解决的问题。①

　　对话教学是生成性思维支配下的教学形态。生成性思维视域下的教学形态表现为"对话教学"。对话是一种态度、一种关系、一种意识哲学观。作为一种态度，对话是指一种主动积极地参与和介入、互动和合作的态度。教育作为一种培养人的交往活动，其本身就是一种"关系"的存在，教育中没有缺席的权力，不允许有旁观者，教育活动本身要求参与、要求互动与合作。参与、介入、互动、合作的态度使每一个当事人都有了一种集体意向性，都意识到"我们在……"。作为一种关系，对话是一种消除了种种矛盾和对立之后建立起来的人与人之间的平等、真诚、尊重、信任、自由、民主的交往关系。需要说明的是，并不是所有人的交往都能形成或具有对话关系，只有那种彼此真诚、平等、相互尊重和信任、相互敞开和接纳的交往才是对话关系。换句话说，如果交往双方都抱着以一方为中心或是以各自为中心的意图或想法，各自固守着自己的一方，那么就无法形成真正的对话关系。在对话关系中，双方从不把对方作为自己的对立面，而是自己的朋友和伙伴，相互尊重，相互包容，真诚接纳，相互分享。对话关系把交往双方联系在一起，并在此基础上平等交流、真诚理解和心灵沟通。对话体现了一种独特的意识和哲学观。在此意义上的对话，完全超出了语言交谈的范围，成为渗透于人类行为和意识中的哲学。对话既是一种最接近哲学的人类实践，也是一种与实践最为接近的哲学。它一方面打破了形而上学的二元对立的思维模式，拆除了主体与客体、物质与精神、感性与理性、有限与无限、东方与西方、传统与现代等等的二元分立式对立范畴的界限，通过彼此之间的对话形成丰富的精神生活与"文化的边缘"，从而建立起真正的人伦关系，实现与它者的心灵沟通；另一方面，它又意味着一种追求民主和平等、开放和自由、发展和创新的意识。

---

① 田学红. 我国"教师教育课程"的改革实践及其思考 [J]. 教育研究与实践，2009
　（3）：21-25.

对话意识"极力消解上述种种两极对立，在二元或两极之间建立一种'边缘地带'，让二者平等地对话和作用，产生某种既与二者有关，又与二者不同的全新的东西"。因此，从教育的角度讲，我们认为，对话不仅是教育过程的主要形式和途径，它更构成了教育活动的重要品性和灵魂。因为，"对话便是真理的敞亮和思想本身的实现。对话以人及环境为内容，在对话中，可以发现所思之物的逻辑及存在的意义"。没有了对话，就没有交流；没有了交流，也就没有真正的教育。

（七）学习的评价与学习性评价

在师范生学习评价实践中存在两种倾向：一种是科学主义倾向。科学主义重在以事实为依据反映事物的客观规律，它试图用学习的事实取代学习的价值判断，遵循学习的客观规律而排斥学习主体的价值选择。另一种是人本主义倾向。人本主义重在凸显人的主体作用，它试图用学习主体的价值判断替代学习的事实判断，用学习主体的价值选择抹杀学习的客观规律。价值是"表示物的对人有用或使人愉快等等的属性"[①]。价值判断是人们对事物是否满足主体的需要以及满足需要所做出的判断。价值判断源于个人的价值取向，带有明显的个人倾向性，因而标准是多元的。学习评价的价值判断是以学习行为是否满足学习者的需要以及满足需要程度所做出的判断。事实判断则是关于事物本身是什么的判断。事实判断反对加入个人主观因素，主张标准的"客观性"。学习评价的价值判断是"应然性"的认识，对象是学习者的需要与学习行为属性之间的关系，其任务是反映学习行为满足学习者需要的性质和程度的信息，对好和善的追求，弄清学习者的需要和喜好，对学习行为所持的态度，回答学习行为应该是什么，应该是如何的问题。学习评价的事实判断是以学生学习行为是什么的

---

① 中共中央马克思恩格斯列宁斯大林著作编译局. 马克思恩格斯全集：第 26 卷 [M]. 北京：人民教育出版社，1974.

判断。学习评价的事实判断是"实然性"的认识，对象是学习行为，其任务是反映学习行为自身的信息：属性和规律，对真的追求，弄清学习行为是什么或是如何。我们认为这两种倾向都有失偏颇。事实上，在学习评价中，事实判断与价值判断都是重要的。正如多伊舍曾指出："近来关于事实和价值区分的研究表明，终究可以建立一个这样或那样的跨越两者的桥梁，并且在许多地方，这种鸿沟显然正在被逾越，使得事实和价值几乎浑然一体了。"①价值判断和事实判断并不是截然分开的，而是相互渗透的，你中有我，我中有你。一方面，当我们进行事实判断时，我们选择的事实显现了我们的价值倾向；另一方面，价值判断必须依据客观事实为判断基础，离开了客观事实的价值判断只会是空中楼阁。因此，在学习评价中，价值判断与事实判断又是密切联系的，既要事实判断为基础，探明学生学习的过程，又要以价值判断为导向，鼓励学生学习的自主性。

学习评价的分类多种多样。按照学习评价的主体，学习评价可分为：自我评价与他人评价。一般地说，他人评价是他人对学生学习情况所作的事实判断或价值判断，自我评价是主体对自我的学习情况所作的事实判断或价值判断，这两种评价都是可以不受另一方影响的。在此情况下，他人评价与自我评价的分离便成自然之势。这是因为，不同评价者对学习评价的态度是不一样的。人各不相同，有人崇尚科学，追求事实真理，有人崇尚价值，追求真美善，并且每个人总是试图在他已了解的东西基础之上去理解和分析新的知识，只想他能想到的事，说他想要说的话，评价借助语言行为表达出来，反映着个性化的特征。因此，每人所做出的评价只是依据他个人思想和观点而做出的事实判断或价值判断，很显然，学习评价的分界产生了。至此我们可以得出，某一个体所做出的学习评价，只能代表他自己对学习行为的感受与判断，带有强烈的个人色彩，而并不具有必然

① 李田伟，肖海军，沈小碚. 价值判断与事实判断的比较分析：关于教育评价的科学化问题 [J]. 成人教育，2006（11）：32-33.

的科学性或客观性。将某个个体的学习评价强加给被评价者，要求被评价者全盘接受是不科学的，也是不合理的。两极对立思维模式下的他人与自我的分裂，只能加剧这种不科学性和不合理性。在分离的、不完全的学习评价之下，其弊端是显而易见的，这表现在学习评价过程的单向性、结果的片面性、功能的单一性上。在学习评价过程中，特别是教师对学生学习成绩的评估中，教师仅仅依据学生学习的结果做出价值判断，这是一种单向的过程，特别是学生未能共同参与其中，学生学习的许多信息被隐藏、歪曲，因为学生学习的努力和进步并不只是依靠一次测验、一个分数就能显现出来的。这样的评价过程往往是教师处于绝对的支配地位，学生则相当被动。在评价结果上，这种单向性的评价过程中产生的往往不是科学的判断，至多只是一个个体性的鉴定，一个外在之物，用这种外在的鉴定去奖惩学生，这就使它很难为被学习者所接受，学习者常常会产生或强或弱的抵触情绪，从而排斥教师的评价。这种不能满足学习者的学习和发展需要、忽视其参与度的评价，无法激起学习者内在的学习动机，因此就很少有正确判断学生的学习情况，促进其改善表现的功能可言。

按照学习评价的方式，学习评价可分为总结性评价和过程性评价。总结性评价也称为结果性评价，它是在一项教育活动或一门学科教学、一个学年结束时所进行的评价，其目的是评价这一活动或这一学科、这一学年达到预定教学目标的程度；或者是为了评价一种方案的总体效益。如期末的考核、年终的评定，都具有总结性评价的意义或成为某项工作总结性的资料和依据。过程性评价也称为形成性评价，它是在教育活动中进行的评价，其目的在于了解被评价者在活动中形成或获得了哪些品质、知识和技能，还存在哪些问题，及时得到反馈信息，以便改进工作；或者是为了协助一种方案的制定。在学习评价领域，总结性评价注重的是学生的学习成绩，学生的分数高低，以此判定学生最终的学习成果，并做出成绩评定。过程性评价则关注学生的学习过程，及时了解学生学习的进程、学习存在哪些问题，以便及时得到反馈信息和调整教与学的过程，改进教与学的策略，促进学生不断改善学习表现，获得进步。采用总结性学习评价还是过程性学习评价的主要区别在于：评价者是以学习结果为导向，还是以学习过程为导向。目前我国多数高师院校以完成日常作业的质量与考试成绩作为评价师范生学习好坏的主要依据。这说明我国高师教育学习评价注重以学习结果为导向，它重视的是学生考试取得的成绩或分数，而忽略了学生学习的过程，只重视学生学会了什么，不管学生是怎么学的，导致学生不重视如何去了解自己学习的特点、学习的风格、学习的策略，而是把大量的时间和精力用来应付如何考试过关。这种重结果、轻过程的评价方式造成两种学习评价的分离。评价最主要的意图不是为了证明，而是为了改进。总结性学习评价缺乏对师范生学习过程的关注，不能及时发现学生学习过程中出现的问题，不能对师范生的学习表现、努力和进步做出客观公正、科学合理的评价，难以调动师范生学习的积极性、主动性和创造性，难以引起学生的学习兴趣，难以促进学生反思学习过程及成效，难以采取有效的措施改进学习，毫无疑问，是不利于师范生的全面发展。

三、相关问题引发的思考

传统高师教育在教育教学理念、课程知识传递及学习评价方面存在的问题，显然不能为师范生自主学习提供有效的支持。在高师教育信息化的要求下，不仅教育者需要更新教育教学观念，改进传统的教育教学方法，将现代信息技术应用于高师课堂教学，促进有效教学，提高教学质量，而且鼓励师范生利用现代信息技术手段主动学习、自主学习，关注其在教学过程中的主体性与互动性，关注其学习过程和表现，关注其处理信息和问题解决的能力，关注其参与学习评价。

网络日志（Weblog，简称为 Blog），也称为"博客"，它作为一种社会网络文化现象，近年来成为科学家、社会学家、教育学家关注的重要课题。最初，网络日志指的是在网络上进行类似于"航海日志"（Log）的流水记录，通常由若干个按照时间倒序排列的帖子所构成的个人网页。

2000 年左右，网络日志开始流行起来，被广泛应用于政治、经济、文化、教育等领域。在西方，网络日志就是基于网络的个性化出版方式。它作为一种开放共享的、零壁垒的互动工具，参与者相互交流思想，进行对话，从而吸纳更多的人参与，建立一个可信任的社会网络。Gumbrecht 的研究证明，网络日志是一个"受保护的空间"。作者可以控制网络日志的内容，将交流聚焦于自己感兴趣的话题，也便于具有共同爱好的人形成自己的社会网络。

当某个人在经营网络日志的时候，从表面上看，他是在记录自己的学习、生活和工作经历，而从更深处思考，实质上他是在践行自己的人生信念、态度和价值观，将他所认可的各种信息加以归纳整理，并发表在网络日志上，成为人人都能共享的信息，从他人的反馈中获得一种需要的满足和自我价值的实现。严格说来，它是继 Email、BBS、ICQ 等社会性软件之后的第四种网络交互（对话）方式，是人们交流信息、对话的便捷工具，是网络信息社会个人表达思想、叙事和反思的综合平台。它不仅代表着人们新的生活方式和新的工作方式，更代表着新的学习方式。网络日志作为个人叙事反思的网页，能够记录、展示个人学习和生活的经历，这为个人反思自己的学习和生活提供了直接的证据。网络日志作为交互工具，它不仅是人们交流互动的平台，而且也是个人反思学习和生活的有效方式。

网络日志是网络化学习利器，是高师教育信息化教学和师范生自主学习的网络平台。网络日志这一信息化时代的社会性软件，它在教育领域的应用，特别是作为学生网络电子学档能记录和展示学生的学习计划、学习过程、学习监控、知识管理、学习反思、学习进步及学习成果。它是收集反映师范生学习过程及学习结果的完整材料，依据师范生所提供的电子学档作品，教师能有针对性地给予指导和建议，做到因材施教，从而帮助学习者更好地实现学习目标。同时，它也为师范生的终身学习提供了一种具体有效的模式，促进了个人的成长。它可以督促学生经常检查他们的学习过程以及完成的学习任务，也便于展示、归纳、对比。因此，网络日志就成了了解师范生学习过程和成果的窗口，"通过对网络日志进行阶段性的跟踪管理，可以全方位地掌握师范生的学习过程和学习状态，也给了学习者更大的学习权限"①，让学习者自己对学习负责。从上述分析我们可以看出，网络日志能把教师的指导作用、师范生学习的自主性、评价的改进作用真正地融为一体，这对现行的高师教育教学模式、课程传递方式和评价方式是一个强有力的突破，它突破了传统高师教育局限于一定的时空界限、面对面的课程传递和结果性的学习评价，既给师范生自主学习、自我评价的权利，让其对自己的学习负责，这能极大地调动师范生学习的主动性与学习热情，同时又能发挥教师的引导和管理作用，让教师提高教学水平，促进教师的学习和专业的发展。这对我国现行的高师教学模式、场所、设备配置、课程传递方式、学习评价方式都提出了挑战。如果能将这种思路贯彻到高师教育教学模式、课程计划、学习评价中去，"就能真正将学习的主动权交还给学习者，不仅能提高教学质量，还能真正解决高师教育的地域性差异、专业教师知识不断老化的问题、高师教学难以有效管理的问题"。

四、网络日志对促进师范生自主学习的意义

网络日志作为学生电子学档，是一种新型实用的信息技术工具，能够支持和优化学习资源与学习过程。它在高师教育领域的运用，既有促进师范生自主学习的功能，又有鉴定学习情况和效果的评价功能。具体表现在：促进师范生自主学习、提高师范生的信息素养、促进批判性反思、加强师生对话交流、进行学习性评价等方面。

---

① 李锐军 . 谈基于网络环境、电子学档的艺术设计教学变革 [J]. 高教论坛，2006（4）：102-103.

（一）促进师范生自主学习

自主学习（Self-regulated learning），也称为自我调节的学习，是指在教师的指导下，学习者有端正的学习态度、明确的学习责任和目标、能积极主动选择学习内容和学习方法、合理监控学习过程、参与评价学习过程及结果，以发挥学习者能动性的学习过程或学习方式。它与"被动学习""接受性学习"截然不同，意在突出学习者调节学习过程的主动性、能动性和创造性。自主学习强调学习者的动机是发自内心的，自己有强烈的学习需要，而不是依靠外在力量的推动，消极被动地进行学习。它是判断学生是否具备自主学习能力最重要的标准。学习动机是自我激发的，表现为我要学。这表明学习者对学习产生了浓厚的兴趣，学习情感得到了有效地激发，具备了坚强的学习意志，能够克服学习过程中可能出现的各种障碍。自主学习强调学习的独立性。它是自主学习的核心品质，表现为我能学。这说明学习者有强烈的独立学习欲望，有相当强的独立学习能力，能够通过独立采取行动来获得各种知识和技能。但是，独立学习并不意味着学习者排斥他人的帮助。恰恰相反，在独立学习的基础上，学习者能否有效利用各种学习资源提高学习的质量是判断自主学习的另一个评价标准。学习者可以自己判断、选择和决定是否需要他人的帮助，无疑将明显增强学习者的学习责任感。自主学习强调学习者具备独立监控学习过程的能力，能够合理地调节学习进程，表现为我会学。这表明学习者对学习目标的确定、学习计划的制定、学习内容和方法的选择、学习过程的监控和调节，以及学习资源的恰当使用等方面，具备了较高的学习元认知能力。自主学习强调对学习的反思。反思是对学习的思考和反省，即对学习过程及结果的再认识。自主学习意味着学习者在学习目标的设置、学习计划的制订、学习策略的选择、学习过程的监控和调节、学习效果的评判等方面享有选择权和决定权。因此，它要求学习者能够批判性反思学习目标是否适合、学习计划是否恰当、学习过程是否合理、学习策略是否有效、学习效果是否理想，以明白自己学习有哪些优势，存在哪些不足，并能根据批判性反思采取适当的策略，改善学习表现，提高学习成效。自主学习强调教师的价值引导与学生的自主建构的统一。有的人可能认为，学习者进行自主学习，那么，教师的作用和地位则被削弱了。其实不然，自主学习并不意味着教师丧失课堂教学中的积极主动的地位，放弃课堂的导向作用，它要求教师针对每个学生学习的差异性，能够给予个性化的指导，做到因材施教。应该说，教师的指导作用更明显、更突出。同时，自主学习意味着在教师的指导下，学习者能根据具体的教学目标和要求、自身的条件和能力，恰当地设置学习目标、合理地选择学习内容和策略，并通过自我监控和调节的学习活动，完成设定的学习目标，充分体现学习者学习的主体性。自主学习强调以建构主义学习理论为基础。建构主义学习观认为，学习不是学习者消极、被动接受知识的过程，而是学习者积极主动建构知识的过程。学习者是学习过程的积极承担者而非被动接受者。教师要为学生营造好的学习环境和氛围，尽可能多地给学生提供学习的机会，帮助学生明确学习问题，鼓励学生搜集资料，提出解决问题的方案，做出假设，并验证假设。学生在解决问题的过程中，获得知识的增长、经验的丰富、能力的提高。自主学习强调学习者能主动寻求他人的帮助。学习是一个探索未知的过程，意味着学习过程中可能会面临各种各样的障碍和困难。有些问题学习者通过意志的努力是能够独立解决的，而有些问题超出了学习者的能力范围，必须借助他人的力量才能获得圆满解决，如获得教师的指导和帮助、与同伴的合作。因此，主动向教师寻求指导和帮助，学会与同伴进行协作、取长补短，是学习者最后走向成功的必由之路。

师范生应用网络日志自主学习，是在建构主义理论指导和信息技术驱动下产生的一种新的学习范式。它以任务和项目为导向，是一种面向过程的研究性学习。这种学习范式借助网络日志模板，运用电脑和网络数字化技术，以促进师范生多元能力发展为最终目标。在整个学习过程中，师范生通过构建网络日志，学会了如何确定学习目标、如何制定学习计划、如何选择学习方法、如何科学评价和反思学习效果，从而更好地把自己的学习兴趣和未来的职业趋向联系起来，真正体现了现代教学理念的核心价值：教育要以学习者为中心，以学习者多元能力发展为最终目标。所以说，网络日志是师范生自主学习的有效方式。

（二）提高师范生的信息素养

信息素养（Information Literacy）是网络信息社会人人必备的一种信息能力。信息素养主要涉及利用信息技术了解、搜集、处理和评估信息等几个方面。信息技术不仅是师范生信息素养的内容，而且也是一种有效地提高师范生素质的手段。师范生利用网络日志这一信息技术工具进行自主学习，有利于提高师范生的信息素养。第一，师范生利用网络日志这一信息技术工具进行自主学习，学习的资源不再局限于教室、课堂、书本，而是能够利用网络有效地和高效地获取开放、共享的学习信息资源，这需要师范生对学习资源有一定的敏感程度，能够自我觉察所处的信息环境，排除干扰信息，有效地利用学习资源以满足学习的需要。毫无疑问，这能有效地提高师范生的信息意识。第二，在网络信息社会，信息以海量的方式呈"爆炸"式增长，师范生如何有效地选择和合理地利用信息，这需要师范生掌握信息知识和技能。第三，信息技术是一把"双刃剑"，"在产出效益的同时，也产生了一些新的社会问题，甚至威胁到社会伦理道德"[1]。因此，要求师范生具有正确的信息道德修养，能够依法使用对个体发展有益的信息，自觉抵制不良或有害的信息，即具备信息伦理。手段的合理使用可以恰如其分地促进师范生的个人发展与整体发展。

（三）促进批判性反思

批判性反思是一种自我觉察、超越自我，不断审视、分析、质疑、

---

[1] 常正霞. 大学生信息素养现状分析 [J]. 电化教育研究，2011（8）：53-57.

解疑的思维活动。师范生自主学习既要对学习行为进行批判性反思，也要进行学习方法论意义上的批判性反思，即元认知。2000 多年前，孔子曾提出"学而不思则罔，思而不学则殆"，意味着学习要重视思考。任何学习都有一个反思的过程。师范生作为学习活动的主人，需要不断地反思自己的学习活动。师范生应用网络日志自主学习，反思是其中关键的一环。它是师范生对网络日志创建的理念、信息、程序以及效果等，进行审视与分析的过程。反思贯穿网络日志创建始终。在开发之初，师范生通过反思自己的意志、需要、兴趣和目标，明确学习目标，确定需要加强与改进的领域，促进师范生了解自我。在开发之中，网络日志信息的搜集、个性化加工过程蕴涵着反思。网络日志信息源自经过师范生个人内化并被赋予意义的各种各样的"原始材料"，因为融入思考和感悟的知识才可能真正地对师范生的学习和发展形成帮助。信息的个性化加工过程，也是师范生的反思过程。信息收集的是零散的"珍珠"，而将这一颗颗珍珠连接成链的就是师范生的思考和建构。反思将搜集资料的过程变成有意义的学习过程。在开发之后，师范生通过反思网络日志创建理念、策略、取得的成绩和存在的不足，有助于师范生明确今后的学习任务。只有经过反思，使网络日志创建的原始经验不断处于被审视、被修止、被强化、被否定等思维加工中，去伪存真，这样网络日志创建的经验得以提炼、升华。唯其如此，网络日志创建才能成为促进师范生成长和发展的有力杠杆。网络日志创建反思的过程吸引师范生成为自己学习和成长的设计师。

（四）加强师生对话交流

"一个孤寂的心灵，只能构筑一个自我满足的世界；一个敞开的胸怀以未完成的形态展示一个不断建构的世界，这不同的世界有阻隔他者的墙，也有抵达他者的桥。"[1] 一道墙区分了自我与他者。墙内，是自我的世

---

① 谭学纯 . 人与人的对话 [M]. 合肥：安徽教育出版社，2000.

界，墙外是他者的世界。对话就是这样一座桥梁，它连接了墙内的自我与墙外的他者。人与人之间需要一个共享的语义空间，这个空间应该是去除遮蔽的。当物理疆界竖起有形之墙的时候，这个共享的空间会丧失；当心灵竖起无形之墙的时候，同样会封闭精神上的共享空间。对话需要冲破有形之墙或无形之墙，走出墙界，也即走出自我性生存，趋近另一个世界，重建对话关系，也即重新面对他者，这是推倒有形之墙和无形之墙之后，自我与他者的重新趋近。墙的撤除，是物质上的破坏，也是精神上的重建。墙，阻隔了他者的信源；桥，则连通了他者的世界。理性的生存，呼唤相互沟通、相互抵达，呼唤相互沟通、相互抵达的桥。桥，不仅是现实空间意义上的沟通性物象符号，也是精神空间的沟通性喻象性符号。在教育实践中，独白就是一道无形之墙，它阻隔了教师与学生之间的沟通。它关闭了师生心灵的窗户，阻断了师生情感的交流。教师和学生渴望交流和沟通，而这无情之墙横亘在教师与学生之间，使得交流和沟通无法实现。对话就是连接师生的桥梁，通过对话，信息得以传递、情感得以交流、思想得以分享。网络日志借助信息技术实现了随时性的信息访问、共时性的人际互动交流，以及零距离的站点通达。从根本上消除了时空的隔阂和限制，使师范生借助电子平台在无穷无尽的网络空间交流思想、分享经验，交流的对象是多样化的，包括教师、学生及其他登录者。交流的内容可以是感想、经验、建议等。网络平台打破了时空隔离，使师范生可以充分利用各种环境资源，提升自我。并从中看到与别人的差距，形成自我激励并促进不断学习。

（五）进行学习性评价

师范生应用网络日志自主学习，不仅是一种学习活动，而且是一种学习性评价活动。网络日志可以记载师范生成长过程中一个个具体、生动的"故事"，因而成为评价师范生成绩、进步、努力、反省与改进的理想方式。相较于其他评价方式，电子学档可以向教师、家长和师范生本人提供丰富的内容，反映师范生知道些什么、能做或不能做些什么、取得了什么成绩、还有什么地方需要改善、今后该确立什么样的学习目标等等。在这种评价框架中，评价从多种渠道收集师范生学习情况的信息，为描述每个师范生学习情况的剖面图提供了详细而真实的资料。基于网络日志的评估其实质是一种学习性评价，它以促进学习和改善表现为目的。

第二节　网络日志与自主学习研究综述

一、网络日志的研究综述

（一）关于网络日志作为教师专业发展的综合平台研究

在国外，网络日志被用作教师职业培训的数字档案和学习记录，通过该种网络日志，既可以使教师相互之间进行协作和交流，也可以对教师进行远程的培训。许多教师可以通过博客方式与其他教师分享自己的教学体会和经验。例如，http : //www.Weblogg-ed.com 就是这样一个记录和推动把网络日志应用到教育中的站点。它收集了一批目前采用网络日志的学校站点和教育工作者的网络日志站点，并在自己的网络日志中记录将其应用到教学中而汇集的点滴经验。国外有很多学校（从小学到大学）都采用了 Blog 工具，包括一些著名的学府，例如哈佛、伯克利，以及达特茅斯等，都采用了一些支持群体功能的 Blog 工具，应用于教育中的不同层面。

在我国，从《电化教育研究》和《中国电化教育》等权威期刊数据看，网络日志已成为我国教师教育研究和实践的一大热点。我国网络日志研究集中在在职教师教育领域，研究内容主要涉及三个方面：一是教育 Blog 的研究；二是促进教师专业发展的研究；三是辅助教育教学的研究，这三个方面的文献数量之和占总数的 95.83%。[①]其中有代表性的研究成果有：黎加厚、赵怡、王珏在《网络时代教育传播学研究的新方法：社会网络分析——以苏州教育博客学习发展共同体为例》一文中用社会网络分析方法研究了苏州教育博客共同体的关系，探索了网络时代教育传播的发展特点。[②]邵秀蔚等在《以教育叙事博客推进教师专业发展的区域化探索与实践》一文中指出教育叙事博客能提高教师的自我反思意识与能力；有效地促进了校本教研；使教师获得专业发展的动力；使行动研究成为教师成长的有效工具；提高了教师的生命质量。[③]甘忠伟在《博客在教育传播学课程中的使用》一文中把博客用作教育传播学课程教学的辅助工具。[④]董晨在《教育博客的问题思考与建议》一文中以亲身经历阐述 Blog 之于教师专业发展的促进作用：教育博客较大地促进教师博客之间的交流；改善学习方法和学习效果；提高个人的综合能力。[⑤]林书兵、徐晓东在《微博客及其教育应用探析》一文中分析了以 Twitter 为代表的微博客在教育领域应用的可能性和潜力，指出微博客具有广阔的教育应用潜力：保持人际交流的微妙关系，实现真正意义上的信息自主；即时抒发思想和观点，切合生成性的教学理念；开展移动学习，构建虚拟课堂；符合现代人的生活方式，影响教育理念。[⑥]陈凯等人《职前教师的学习历程研究——基于优秀化学师范生网络日志的个案内容分析》一文中对优秀化学师范生个案 Y

① 徐英萍，范郭昌骅，欧秀芳.教育博客期刊论文内容分析研究 [J].中国远程教育，2009（10）：61-65.

② 黎加厚，赵怡，王珏.网络时代教育传播学研究的新方法：社会网络分析：以苏州教育博客学习发展共同体为例 [J].电化教育研究，2007（8）：13-17.

③ 邵秀蔚，王彬彬，李绍杰.以教育叙事博客推进教师专业发展的区域化探索与实践 [J].中国电化教育，2004（10）：47-49.

④ 甘忠伟.博客在教育传播学课程中的使用 [J].电化教育研究，2007（2）：52-87.

⑤ 董晨.教育博客的问题思考与建议 [J].中国电化教育，2006（2）：43-44.

⑥ 林书兵，徐晓东.微博客及其教育应用探析 [J].电化教育研究，2010（3）：16-20.

的网络日志进行深入研究。① 这些研究成果从理论或实践层面论证网络日志在促进教师专业发展方面确实有较好的效果，为网络日志在教育领域的应用提供了理论支撑。

在实践领域，我国网络日志在促进教师专业发展方面的应用也开展得如火如荼。如浙江海盐教师博客、苏州教育博客学习——发展共同体、广州天河部落、常熟教育博客、淄博教育博客等，它们的迅速发展主要得益于当地的教育行政主管部门给予政策支持。如浙江海盐县教研室出台了一系列的政策，通过发展教师 Blog 促进新课程改革；江苏苏州市教育局和电教馆实施"万名教育博客行动"；山东淄博市教育局和电教馆颁布了"淄博教育 Blog 建设指导意见"。这些应用强调网络日志能有效提高教师的自我反思意识与能力，有效地促进了校本教研，使教师获得专业发展的动力，使行动研究成为教师成长的有效工具，提高教师的生命质量。②

网络日志在促进大学生自主学习方面属于冷门研究，只有少数几篇文章。如林阳、祝智庭在《Blog 与信息化教育范式转换》一文中"从信息化教育范式转换的角度考察 Blog 在未来信息化教育中的价值和前景，认为 Blog 支持个性化学习和协作学习，适应劣构知识的建构，鼓励学习者互相交流成果，关注学习者学习的过程，而不仅仅是结果，因而评价也更加准确有效，同时适应当前主流的分布处理系统架构"③。刘敏、钟志贤在《基于教育博客的大学生自主学习》一文中从理论层面总结了教育博客支持大学生自主学习的六点优势：学习计划的制订和叙事工具；组织化或扩展的学习资源；多媒体数字化的学习笔记；开放共享的交流平台；良好的

① 陈凯，马宏佳，丁小婷. 职前教师的学习历程研究：基于优秀化学师范生网络日志的个案内容分析 [J]. 中国电化教育，2018（6）：97-106.

② 徐英萍，范郭昌骅，欧秀芳. 教育博客期刊论文内容分析研究 [J]. 中国远程教育，2009（10）：61-65.

③ 林阳，祝智庭. Blog 与信息化教育范式转换 [J]. 电化教育研究，2004（3）：49-51.

网络知识管理系统；自我反思和评价工具。[①]陈凯、马宏佳、丁小婷在《职前教师的学习历程研究——基于优秀化学师范生网络日志的个案内容分析》一文中分析了网络日志影响师范生职前学习的内部因素主要在于：自我效能感、动机目标和主动性人格。[②]冷璐分析了分别来自中国、美国和加拿大的三位高校教师如何通过自我研究和记录网络日志的方法来探索探究式教学的生动故事。[③]陈凯等人在《优秀化学师范生网络日志的数据挖掘和反思评价》一文中对优秀化学师范生的网络日志进行数据挖掘和反思评价。[④]

从我国网络日志的研究成果和应用实践来看，在职教师教育研究和实践倍受重视，而职前教师（师范生）教育研究和实践比较匮乏。在教育信息化背景下，高等教育提倡大学生自主学习，网络日志不仅是在职教师专业发展的综合平台，而且也应是职前教师自主学习和成长的有效路径。

（二）关于网络日志作为学生电子学档研究

档案袋（Portfolio）产生于艺术领域，初指画家、摄影师为了证明自己的实力，获得展出或出版的机会而把自己的得意之作收集成袋。

网络日志作为学生电子学档，这是目前在国外教育中应用最多的场合。随着信息技术的发展，特别是网络和多媒体技术在教育领域中的应用，学习档案的形式与运用发生了重大变化，其中最具有创新意义的是电

---

① 刘敏，钟志贤.基于教育博客的大学生自主学习 [J].远程教育杂志，2007（4）：56-59.

② 陈凯，马宏佳，丁小婷.职前教师的学习历程研究：基于优秀化学师范生网络日志的个案内容分析 [J].中国电化教育，2018（6）：97-106.

③ 冷璐.通过跨国网络日志研究中美加教师共同体的探究型教学实践 [J].教师教育研究，2020，32（6）：99-106.

④ 陈凯，蒋怡，马宏佳.优秀化学师范生网络日志的数据挖掘和反思评价 [J].化学教学，2022（3）：15-19，25.

子学档的出现。作为课堂评价"新浪潮"的主要方法之一，电子学档最早产生于 20 世纪 80 年代末的美国，它让学生在真实的生活环境中展示想要取得的成绩，展示其问题解决技能以及分析与综合信息的技能，充分体现了学生自主学习的基本理念，受到教育管理者、教师和学生的普遍欢迎。目前的研究主要分为以下几个方面。

1. 电子学档内涵的界定

电子学档由传统的纸质档案袋发展而来。对于电子学档的理解主要有三类：第一，师生的成长和发展的网络作品集；第二，建构意义的学习工具；第三，有效的真实性评价。具体而言，Barrett 指出，电子学档是开发者运用电子技术以多种格式（文本、图像、视频和声音）收集能够展示学生的努力、进步和成果的作品。[①] 他强调电子学档并不是偶然收集作品（数字化的剪贴簿或者多媒体展示），而是证明学生一段时期成长的反思工具。多文斯认为，电子学档是基于网络和服务而应用电子媒介管理信息的一个系统。在这一系统中，学习者通过构建一个电子作品信息库，记录他们的学习过程、反思他们的学习效果、展示他们的技能，对个人成长、未来职业规划等都是一个强有力的学习工具。鲍尔松则认为，电子学档即故事，学生讲述自己的故事。它是建构意义的工具，是学生通过已积累的经验建构意义的实验室。[②] 黎加厚教授认为，电子学档不是为辅助教师的教学活动设计开发的，而是为表达教师、学生的创新思想、问题解决的结果或某个想法而设计和制作的。它是以学为中心的教学活动的产物，是创新教育思想在学校课堂教学中的体现。王佑镁提出，电子学档是利用计算机与通信技术组织、管理、展示学生在学习过程中所做的努力、取得的进

---

① BARRETT H. Create Your Own Electronic Portfolio [J].Learning & Leading with Technology，2000（7）：15-21.

② 屈社明. 美国大学生基于电子学档的学习 [J]. 教育评论，2008（4）：165-168.

步，是对具有代表性的学习过程和学习成果反思记录的学习相关集合体，它能作为就业、绩效评估、终身学习、专业发展和有用学习成果的展示等方面的多种用途工具。① 电子学档或称电子档案袋，是指在信息技术环境下，学习者运用信息手段表现和展示学习者在学习过程中关于学习目的、学习活动、学习成果、学习业绩、学习付出、学业进步以及关于学习过程和学习结果进行反思的有关学习的一种集合体。吴初平和钟志贤认为，电子学档（E-Learning Portfolio，又称为电子文件夹、电子作品或学习文件夹）是指学习者运用信息技术记录和展示其在学习过程中关于学习目的、活动、成果、付出、进步以及对学习过程和结果进行反思的一种集合体。它主要指学习者利用信息化手段呈现学习过程，包括在学习过程中对学习和知识的管理、评价、讨论、反思等。②

通过对专家的定义的解读，我们可以归纳出电子学档的核心内涵：第一，致力于学生的学习。它是学生学习个性化的管理工具，是学生自主学习的有效方式。第二，强调制定有效的作品收集和选择标准，标准是收集和选择作品的指南。第三，重视反思。反思是电子学档开发的关键环节，贯穿于电子学档开发的始终。第四，强调互动。电子学档不仅强调学生就作品与教师进行交流和沟通，而且强调学生与同伴、父母和读者进行交流和沟通，并利用反馈信息完善作品。第五，学生的动机和情感是电子学档关注的重点。电子学档既能提高学生学习的动机，又能调动学生学习的积极性。第六，以建构主义学习观为理论基础，即学习是学习者在原有基础上的主动建构，这是电子学档开发的认识前提。第七，实施电子学档不是一朝一夕的事情，而是长期的、连续的过程，以便于关注每位学生个体化和长期的发展。第八，是学习性评价和学习的评价两者的综

---

① 王佑镁.电子学档系统的整合模型研究 [J].现代教育技术，2007（4）：65-69.
② 吴初平，钟志贤.远程学习中电子学档的创建 [J].现代远程教育研究，2007（5）：62-65，72.

合。电子学档作为学习性评价（assessment for learning），即评价电子学档创建的整个过程，其目的是促进学生的学习；电子学档作为学习的评价（assessment of learning），即评价电子学档的作品，其目的是为教育机构提供鉴定依据。

2. 电子学档的分类

在美国，电子学档被应用于各种各样的目的，如评价、鉴定和专业发展等。为了有效地研究电子学档，2003年，美国高等教育协会根据背景、作者和目的三个标准对其进行了分类。背景即电子学档开发的环境。以背景分类包括课程、项目、机构、机构间以及独立的档案袋。作者即电子学档的创建者。以作者分类包括学生、教师、管理者、机构以及其他非学习组织的个体档案袋。目的即电子学档开发想要达到的结果。以目的分类包括发展档案袋（自我评价、建议、记录学习过程、记录专业发展、课程建构、增加学科知识基础）、评价档案袋（学习成绩、利害攸关的评价、鉴定、促进和终身职位）、展示档案袋（展示成就、组织出版、反思和进步等）。了解电子学档的标准及分类有助于选择符合需要的类型。

3. 电子学档的开发模式

美国学者注重对电子学档开发过程的研究，并提出了不同的开发模式。美国学者贝克等人提出十个阶段的开发模式：①设计档案开发的目的和用途。②恰当运用多样化的组织计划及策略收集和组织档案作品。③依据作品指南选择档案作品。④有目的地选择、设计档案页面或格调，注入个性化特色。⑤元认知反思。描述每一件档案作品，帮助读者理解作品选择的重要性以及作品是如何服务于整个档案和档案目的的。⑥检查和自我评价。审查整个档案，确定是否有需要添加或删减的材料。⑦完善、评价和分级。完善细微之处并准备档案的下一环节，教师为档案按级分类。⑧链接和讨论。这是评价过程的关键阶段，运用超链接发布档案，与他人分享作品以及获得建议。⑨添加和删除。对档案进行日常维护，添加新材料和删除过时材料。⑩展示。向他人展示作品。① 电子学档专家巴若特认为，电子学档开发是一个过程而非结果——集中体现批判性反思和运用反思设计目标。他认为电子学档开发包括档案开发和多媒体开发两个方面，并提出了五阶段的电子学档开发模式：第一阶段，确认档案背景和目标。确定档案的目的和读者，提供组织档案框架的目标或绩效标准，确定档案开发的软件。第二阶段，工作档案。利用选择的软件收集代表学生成就和努力的作品。第三阶段，反思档案。学习者选择档案中的特别作品进行反思，须注意反思不受外界干扰。第四阶段，链接。这是电子学档特有的一个阶段，档案作者通过插入各种文件和作品的超链接创建附加意义。所有已插入的文件和档案作品都是准备向他人展示的。第五阶段，展示档案。档案以网络、光盘或视频等形式出版发行，与读者分享。②

在我国，学者们也提出了不同的开发模式。

第一，三阶段开发模式："计划"阶段。教师通过电子档案袋发布作业任务，明确学习要求，同时制定作业评价标准（也可以师生共同讨论制定）并提供学习策略。学生根据自身实际情况制定个人学习计划。在本环节，教师帮助学生获取关于学习任务及学习策略的元认知知识并对学生制定学习计划的活动提供指导；学生通过制定学习计划明确学习目标，并加强自身学习的计划性。"评价"阶段。在本环节，学生完成作品并存入个人档案袋，同时对自己及他人的作品开展评价活动。学生在评价的过程中可以了解自身及他人的不足与长处，获取关于认知个体的知识。同时，学

① BURKE M, FOGARTY S. The Mindful School： The Portfolio Collection [M]. IRI/Skylight Training&Publishing，1994.

② BARRETT H. Electronic Portfolios=Multimedia Development+Portfolio Development： The Electronic Portfolio Development Process [EB/OL].（2009-10-30）[2023-03-12]http：//electronicportfolios.com/portfolios/aahe2000.html.

生在评价中学会分析、监控自己的学习过程和学习质量，培养自我评价、自我监控的习惯和能力。教师负责提供作品评价的量规和范例，对学生的评价进行集体或个别的指导。"反思"阶段。学习反思包括完成一次具体任务后的反思和阶段性学习反思两种方式。学生通过撰写半开放式的自查表反思学习收获，分析存在的困难及其原因，提出解决问题的办法，调整学习目标、学习计划和学习方法，明确下一步努力的方向。教师对学生的反思进行个别化指导，指导以鼓励和引导为主，在激励学习动机的同时对学生的学习提出具体指导意见。[①]

第二,四阶段开发模式：准备阶段。电子学档的使用需要良好的高师。使用前，教师应首先明确电子学档与教学目标之间的关系，界定好学生的重要表现或学生需要达到的学习目标，同时应根据评价目标确定好电子学档的主题、所要收集的作品类型和数量等方面的问题。在使用的过程中，教师应根据教学的需要制定好电子学档的使用计划和评价的标准、方法等问题，这些内容需要在准备阶段界定清楚。实施阶段。实施阶段主要是教师和学生利用电子学档收集学生在学习过程中关于学习目标、学习计划、学习作品、学习评价、学习反思等方面的资料，以证明学生的学习发展状况。总结反思阶段。总结反思阶段主要是学生在一定阶段的学习完成后，对电子学档的使用状况和学生的学习状况进行总结反思，主要目的在于发现学习中的问题和不足。反馈调节阶段。反馈调节阶段主要是学生针对教学或学习中的问题和不足，制定相应的改进措施，调节自己的学习目标、学习策略和方法，以及对自身的认识和定位。[②]

第三,五阶段开发模式：内容确定。确定电子学档的类型（记录学习过程、成长历程或展示作品）和电子学档内容的呈现形式。信息内容的准备与收集。在创建电子学档之前，准备并收集相关的信息内容是必要的，

---

① 庄秀丽. 电子档案袋评价与网络互联学习 [J]. 中国电化教育，2005（7）：56-58.
② 王佑镁. 电子学档系统的整合模型研究 [J]. 现代教育技术，2007（4）：65-69.

因为电子学档的创建就是在已完成页面的基础上，把相关信息内容不断地整合到学习档案中去，这些内容包括文本、图片、声音、视频等。电子学档开发工具的选择。电子学档创建是内容与结构的结合，结构的创建需要一定的技术支持，但技术只不过是形式，是为内容服务的。电子学档系统的管理。运用相应的电子学档开发工具，根据电子学档的内容进行总体高师与界面高师。在这个过程中，可以使用自动生成工具来创建电子学档系统模块，如个人信息、学业信息、学习活动记录、作品展示管理、自我反思和评价管理板块等。电子学档的充实与完善。电子学档的创建是慢慢积累完成的，有一定的过程性。电子学档的学习是一种过程学习，因此在这一过程中需要不断地反思、总结、添加、修改、删除相关信息，不断充实改正和完善电子学档。[①] 比较各位专家电子学档开发的过程，我们不难发现，他们都注重电子学档开发的基本环节：确定目的和标准、自主选择作品、反思作品、档案链接及同他人分享档案作品。

在美国，中小学采用电子学档侧重于评价学生的学习进步情况，其目的是对学生学习的结果做出判断，从而区别优劣、分出等级或鉴定合格。它是一种对学习的评价（assessment of learning），是为学校和教育机构提供鉴定服务。美国高校采用电子学档侧重于突出学生学习的过程，其目的是为提高学生解决问题的能力，促进学生对学习进行反思，促进学生深度学习。它是一种学习性评价（assessment for learning），是为学生的学习服务。美国中小学和高校采用电子学档的范式是不相同的，前者采用的是实证主义档案范式，后者采用的是建构主义档案范式。不同的档案范式，其档案创建的重点存在显著差异。实证主义范式重视外部的标准和利益，突出评价鉴定的功能；建构主义范式重视学生的自主建构，突出促进学生学习的功能。通常这两种范式是相互冲突的，重视外部的评价鉴定作

---

① 吴初平，钟志贤. 远程学习中电子学档的创建 [J]. 现代远程教育研究，2007（5）：62-65，72.

用，容易导致忽视学生的学习，而重视促进学生的学习，有可能导致评价鉴定作用的减弱。针对这种情况，美国学者展开了积极的探索，寻求一种复合电子学档系统，使它既满足学生深度学习的需要，又满足机构收集信息用于评价和报告的需要。美国专家巴若特在这方面做了深入研究，他创建了复合电子学档系统来解决这种冲突。复合电子学档系统由三方面构成：一是学习者作品的数字化档案；二是运用学习者的真实声音创建以学习者为中心的电子学档；三是建立机构中心数据库，收集基于任务和目标的教师评价数据。[①]这样一个三位一体的整合系统相当于一个工作流程管理系统，它既支持学习性评价（促进学生的深度学习），又支持学习的评价（收集和汇总评价数据，提供评价鉴定作用）。复合电子学档系统的优势在于它既提供了报告学生进步、能力和成绩的方法，又鼓励学生加强对自己学习过程的控制。它既有助于促进学生的自主学习；也有助于教师和教育机构对学生的学习和进步做出真实的评价。

在我国，有学者从电子学档不同层面阐述：第一，从评价方式的理论来看，电子档案袋评价可以看作是一种过程性评价、真实性评价、发展性评价的具体表现形式或者具体实施方法和策略。在这个意义上，电子档案袋评价是一种评价方式，它注重过程，注重评价的真实性，注重评价的发展性功能。第二，从评价作用来看，电子档案袋评价应该以促进人的发展成长为宗旨，以促进学习为直接目的，而不是为了评价而评价。第三，从评价主体对象来看，电子档案袋评价伴随人一生的成长，在不同人生阶段，电子档案袋评价具体功能操作相应地也会有所不同。第四，就学生阶段的电子档案袋评价具体功能来说，应该首先是能够促进反思、促进交流、促进社会互联、促进以自我为导向的学习的发生，其次是能够进行作品编辑展示，最后是存贮和管理个人信息等。

---

① BARRETT H.Researching Electronic Portfolios and Learner Engagement: The REFLECT Initiative[J]. Journal of Adolescent Adult Literacy，2007，50（6）：436-449.

在信息化网络环境下，网络日志在教育中的应用不仅仅是教育技术手段现代化的标志，更重要的是让学生能更好地认识新事物、形成新观念、体验和接触现代技术和工具，由此改变思维习惯和学习方式等，同时必将影响我们的学习方式、教学模式，甚至是教育的理念。

网络日志不仅是在职教师专业发展的有效平台，而且也是职前教师自主学习和成长的有效路径。

综观国内外的网络日志的研究现状，我们发现，相关研究主要集中在探讨概念的界定、特点、分类、意义及评价方式等理论研究层面，缺乏应用网络日志的实践研究，没有与之相配套的课程设计、教学模式方面的研究，从而也在客观上很大程度地制约了网络日志在教育领域的发展。

二、自主学习研究综述

（一）关于自主学习概念的界定

近年来，自主学习已经成为学校教育的关注对象。20世纪70年代末，国内学者开始关注自主学习研究，这一时期的研究，把"学生自学"作为教学实验的主要环节，并明确把培养学生的自主学习能力，发展学生的智力作为主要追求目标。20世纪90年代以后，裴娣娜教授主持了学习主体性研究，王永开展了指导——自主学习研究。研究者从不同的理论立场和研究方法理解自主学习，对其界定也不尽相同。其观点大致有以下三种。

第一种观点认为自主学习是一种学习方式或学习模式。如余文森等认为自主学习是指学生自己主宰自己的学习，是与他主学习相对立的一种学习方式。程晓堂认为自主学习有以下三方面的含义：一是自主学习是学习者的态度、能力和学习策略等因素综合而成的一种主导学习的内在机制，就是学习者指导和控制自己学习的能力；二是自主学习指学习者对自己的学习目标、学习内容、学习方法以及使用学习材料的控制权，也就是学习者对这些方面的自由选择的程度；三是自主学习是一种模式，即学习者在总体教育目标的宏观调控下，在教师的指导下，根据自身条件和需要制订并完成具体学习目标的学习模式。[①] 蒋红斌认为自主学习是义务教育阶段发生在学校教育场域的、在教师指导下，教师依据教育目标确定总学习目标和学习内容，学生自主选择学习策略与方法、调控学习过程、自我评价学习结果，是一种学生"要学、会学、坚持学"的状态。[②]

第二种观点认为自主学习是学习者自我调节学习的能力。如 Henri Holec 认为自主学习是自己"主宰学习的能力"，他所提倡的自主学习并不局限于正规教育，而是深入到生活的各个领域，旨在打破学习与生活之间存在的障碍。David Little 认为"学习者自主的实质是学习过程与学习内容的心理联系，即进行客观的、批判性的独立学习的能力"。他还进一步指出"合作"与"互动"是培养自主学习能力的根本。Zimmerman 和 Schunk 认为自主学习能力是一个把外部学习技能内化成自己的能力的过程，要先后经历一系列学习阶段：观察阶段、模仿阶段、自我学习阶段。Winne 认为学生可以通过多种途径获得自主学习能力，具体包括：自主学习的教学、观察他人学习、学生自己设计和实施的学习实验。

第三种观点认为自主学习可以从纵向和横向两个维度来定义。从横向上看，自主学习的动机是自我驱动的、内容是自我选择的、策略是自我调节的、时间是自我管理的，学生还能主动营造有利于学习的物质环境和社会环境，并能对学习结果做出自我判断和评价的学习；如 Zimmerman 认为自主学习是学生在元认知、动机和行为方面成为自己学习主动的参与者，自主学习的动机应该是内在的或自我激发的，学习的方法是有计划的或经过练习已达到自动化的，学习的时间是定时而有效的，自主学习的学生能够意识到学习的结果，并对学习过程做出自我监控，他们还能够主动

---

① 程晓堂 . 论自主学习 [J]. 学科教育，1999（9）：32-39.
② 蒋红斌 ."双减"背景下学生自主学习的价值、限度及其实现 [J]. 教育学术月刊，2022（4）：66-72.

营造有利于学习的物质和社会环境。其还指出确定学生的学习是不是自主的，依据学生在面临学习任务条件时能否选择参与、选择方法、控制时限、控制学习结果、控制物质环境、控制社会环境这六个标准来判定。从纵向上看，自主学习是学习者能自定学习目标、自订学习计划、做好学习准备，在学习活动中能够对学习进展、学习方法自我监控、自我反馈、自我调节，对学习结果能进行自我检查、自我总结、自我评价和自我补救的学习。

通过对专家定义的解读，可以归纳自主学习的核心内涵如下。

第一，学习者的动机是内在的，情感得到有效激发。自主学习是学习者积极、主动、自觉地监控和管理自己的学习活动，而不是依靠外力被动地学习，从这个角度来讲，自主学习的动机是内在的和自发的。它是衡量学生自主学习能力最重要的尺度。学习动机由被动接受转变为主动探索和追求，标志着学生在其学习的领域开始产生浓厚兴趣，并能够积极主动地利用各种学习工具，对该领域的知识进行探索性的学习和研究。学习情感得到激发，有坚强的意志克服学习过程中的困难。它强调学习者通过自己的独立思考来获得知识，但它不排斥他人的帮助。相反，能否有效的利用学习资源进行学业求助是自主学习的一个评价标准，但这都须建立在个体独立自主的基础之上，学习者自己可以决定是否求助以及如何求助，无疑这将增强学习者的独立性和责任心。另外，学习并不是一个轻松的过程，常会遇到困难与挫折。随着学习过程的深入，困难逐渐增加，而最初的学习动机的动力作用开始减弱需要学习者以自己顽强的意志力克服这些困难，继续学习。

第二，学习者具备独立选择、控制、反思学习的能力。自主学习意味着学习者对学习目标、学习内容、学习方法以及使用学习资源方面享有选择权和决策权。学习者根据自己的学习特点，确定适合自己的学习目标；学习者根据自身的兴趣和爱好选择学习内容、学习方法，利用学习资源，克服学习过程中遇到的困难和挑战，并通过各种途径和手段，不断丰富和完善自己选择的目标，从中获得巨大的成就感和责任感；学习者对学习过程的自我监控。在自主学习的过程中，不需要借助他人和组织的力量，就能够自觉地对学习时间、学习内容、学习进度等进行自我监控，从而保证学习目标的实现；学习者的自我反思。反思即是一种反省和评价，是对学习过程的再认识。自主学习是学习者以自己的学习过程为监控对象，从学习目标设置、学习策略的选择到学习过程的调节、控制和补救，再到对学习结果的评估，都将由学习者自主的选择和决定。因而，它要求学习者必须时刻积极反思自己学习的过程，明白自己何时、何地以及为什么这样学，并能根据反思结果对学习进行调整。对学习结果能够进行自我总结、评价，并据此进行自我强化。在自主学习过程中，学习效果的不断自我检验和自我评价，对于促进和改善自我学习非常重要。

第三，自主学习是教师的指导与学生的自主建构的统一。自主学习意味着学习者在教师的指导下，根据一定教学目标、自身条件和需要自由地选择学习目标、学习内容、学习方法并通过自我调控的学习活动完成具体学习目标的学习模式。它是学生在学习活动中自我决定、自我选择、自我调控、自我评价反思，发展自身主体性的过程。

第四，自主学习以建构主义理论为基础。建构主义认为，学习是信息加工、知识建构的过程，学习者是该过程的积极参与者而非被动接受者，学习的任务就是要尽可能多地给学生提供机会，帮助学生有选择地吸收信息，做出假设，并对假设进行验证。在教学过程中，教师应鼓励学生运用已有知识，大胆使用语言进行交际。

第五，遇到学习困难时能够主动寻求他人的帮助。学习的过程不可能一帆风顺，会遇到各种各样的困难和考验，而有些问题必须通过合作和咨询才能得到完善和解决，因此，学会与他人合作和互相学习、取长补短，是摘取最后成果的必由之路。

可以看出，对于自主学习的几个关键问题，即什么是自主学习，自主学习技能是否可教，都已经给出了初步回答。无疑，这些进展为本课题研究奠定了坚实的基础。

（二）关于网络环境下自主学习的研究

教育信息化进程兴起了网络环境下自主学习研究热潮。研究主要涉及以下三个方面。

第一，关于网络环境下自主学习的含义。例如，王冀认为，网络环境下的自主学习是学生利用计算机网络提供的学习支持服务系统，自主性地选择认知工具、确定学习目标和学习内容、通过可选择的交互方式主动探究学习过程，实现有意义知识建构的学习方式。[①]

第二，关于网络环境下自主学习的模式及其创新。例如，刘仁坤认为，网络环境下学生自主学习模式，是指在网络教学环境下，遵循学生自主学习为主，教师辅导为辅的教学思想，由学习计划的制定、利用多媒体自学、合作学习三个环节构成的一种学习模式。[②]

第三，关于网络环境下成人自主学习的方式模式。例如，何振炎、黄成忠以继续教育学生自主学习能力为具体研究对象，构造了一个网络环境下的自主学习方式模式，论述了构建网络环境下学生自主学习方式的理论依据、内涵、网络环境的功能与优势等。[③]

第四，关于网络环境下自主学习能力的培养研究。例如，陈保红以大学英语为例实证分析了"互联网+"视域下大学生自主学习能力的培养。[④]孙佳林、郑长龙分析了自主学习能力评价的国际研究：现状、趋势

[①] 王冀.网络环境下自主学习的理论与实践[D].济南：山东师范大学，2006.

[②] 刘仁坤.关于网络环境下学生自主学习模式构建的探讨[J].远程教育杂志，2006（4）：49-52.

[③] 何振炎，黄成忠.在网络环境下提升继续教育学生自主学习能力的研究[J].广东工业大学学报（社会科学版），2008（1）：13-15.

[④] 陈保红，单伟龙."互联网+"视阈下大学生自主学习能力培养研究：以大学英语为例[J].中国电化教育，2021（12）：139-145.

与启示。[①]

不难看出，近年来关于网络环境下自主学习的内涵、意义、策略以及学习模式及其建构等研究，均取得了一定的高水平研究成果，它对于指导教学实践、提高教学水平发挥了积极作用。但目前的研究仍然不够深入细致，存在的主要问题有以下方面。

理论上，还存在很多错误的认识。自主学习的许多基本问题，譬如自主学习的界定，如很多教师把大学生自主学习仅仅理解为学生自学，不需要教师进行指导；又如有教师认为，自主学习意味着教师丧失课堂教学中的积极主动地位，放弃课堂的导向作用；又如自主学习教学模式问题，有教师认为，自主学习模式只是教师针对学生所采用的一种新的教学方法。还有学生自主学习评价等问题，都还没有得到很好解决。

实践上，还存在诸多的障碍。由于缺乏大学生利用网络自主学习的实证分析，缺乏面对面课程与网络课程有效整合的混合课程体系，缺乏可操作性的运行机制和简便易行的教学模式，评价体系不健全等，大学生应用信息手段自主学习很难达到预期效果。另外，对自主学习的研究主要集中在中小学各个学科，大多数仅仅停留在教育经验水平。已有的研究成果还不能为大学生自主学习提供切实可行的理论指导和实践支持。

三、相关研究引发的思考

网络日志作为信息化时代的产物，它在教师教育领域的应用，对在职教师的专业发展确实起到了较好的推动作用。但职前教师教育方面不仅理论成果不多，而且更缺少实证性的研究。这是为什么呢？难道网络日志只是在职教师的专利，或者说职前教师缺乏应用网络日志的信息技术能力。答案显然是否定的。网络日志作为网络化电子学档，在国外有许多运

[①] 孙佳林，郑长龙. 自主学习能力评价的国际研究：现状、趋势与启示 [J]. 比较教育学报，2021（1）：67-84.

用的先例，它能记录、展示学习者的学习过程及成果，也为评价学习者的学习情况提供直接依据。本研究是基于网络日志完成的，而网络日志本身的特点正好能满足电子学档的各项要求。首先，网络日志提供了一个开放的网络环境，所以无论是学生、家长、教师还是其他能够上网的人都可以看到。其次，网络日志上面可以存放各种格式的资料，包括 Word 文档、Excel 表格和其他压缩文件。再次，网络日志和 BBS 一样，是一种满足交互的工具。学生和教师可以利用它实现协作和交流。最后，学生上传的资料在网络日志上可以按照时间和类别两种线索存储，并可以及时更新。利用网络日志可以记载学生学习的整个过程，包括学习过程中遇到的问题、如何解决的、得到的成果、反思等等。总之，网络日志完全具备创建电子学档的条件，而且是一种简单、方便、实用的创建电子学档的方式。网络日志技术正在发展之中，相信随着 Blog 向教育领域的延伸，其在创建电子学档方面的应用也会越来越广、越来越普及。

职前教师应用网络日志自主学习是建构主义理论指导和信息技术驱动下产生的一种新的学习范式。它以任务和项目为导向，是一种面向过程的学习。这种学习范式借助网络日志模板，运用电脑和网络数字化技术，以促进职前教师多元能力发展为最终目标。在整个学习过程中，职前教师通过构建网络日志，学会了如何确定学习目标，如何制定学习计划，如何选择学习方法，如何科学评价和反思学习效果，从而更好地把自己的学习兴趣和未来的职业趋向联系起来，真正体现了现代教学理念的核心价值：教育要以学习者为中心，以学习者多元能力发展为最终目标。职前教师应用网络日志对学习是有明显的促进作用的。同时，现在的职前教师基本上有一定的计算机技术能力，并且网络日志以"五零"条件著称，不需要运用多么复杂的信息技术。究竟是什么妨碍了网络日志在职前教师教育的应用呢？我们认为，主要是当前我国教师教育的课程设计、教学设计、评价设计不能有效支持职前教师的自主学习、协作学习。因为，网络日志在职前教师教育领域的应用，其核心在于促进学习者的自主学习和协作学习。

在思考的基础上，笔者尝试在职前教师教育领域应用网络日志，为此，创建了基于网络日志的教学模式、尝试整合面对面与在线两种课程传递方式、设计了学习性评价，付诸教学实践，获得了丰富的第一手资料，并在实践中不断修正和完善这种教学模式。

第三节 研究思路、研究方法与核心概念界定

一、研究的思路

本研究从当前网络信息社会的时代背景出发，遵循理论到实践逻辑的线索，主要在理论和实践两个方面展开研究。首先分析当前我国教师教育课程存在的问题，接着以网络信息技术作为切入点，合乎逻辑地引出网络日志，探讨网络日志的本质、特点、教学意义及理论基础。以上这些是关于网络日志理论研究。接下来是关注职前教师网络日志自主学习的整体设计与开发，即混合课程设计与开发、混合课程教学模式设计与开发、学习性评价设计与开发。最后探讨职前教师应用网络日志自主学习的实践与策略。可以说，本研究遵循着从理论到实践的逻辑线索，具有较强的系统性和整体性。

二、研究的方法

本研究主要采用调查研究法、文献研究法、个案分析法和行动研究法等方法开展研究。

（一）调查研究法

为了保证研究的科学性和准确性，通过对职前教师应用网络日志的

现状进行问卷调查和访谈，了解应用过程中存在的问题，以提出适切性的解决策略。

（二）文献研究法

查阅相关的文献资料，进行整理和分析，利用互联网搜索国内外职前教师应用网络日志的经验，通过比较分析，以期能为研究提供可操作性的设想和策略。

（三）个案分析法

为了保证所提出策略的可行性，在研究的过程中，我们选择具有代表性的职前教师网络日志自主学习案例，为研究进行实证性分析。

（四）行动研究法

为解决网络日志支持职前教师自主学习的相关问题，我们思考、探索基于网络日志的高师课堂教学新模式，在实践中总结成功的经验和发现存在的问题，将方案和实际情况进行对比，分析问题原因，并预测还可能出现的问题，进而修改和补充方案，再去实践。在不断尝试、实践、反思、修正、再实践、再反思的反复行动中，逐步修改和完善基于网络日志的高师课堂教学新模式。

三、核心概念的界定

（一）网络日志

网络日志是网络时代的个人表达思想、叙事和反思的综合平台，也是人们交流信息、对话的便捷工具，它代表着新的生活方式和新的工作方式，更代表着新的学习方式。网络日志是指以多种格式（电子文本、图片、音频、视频等）记录和展示个人成就的网络作品集，实质是网络化电子学档。它在高师教育领域的应用，特别是作为学生电子学档，是一种新型实用的信息技术工具，能够支持和优化学习资源与学习过程，既有促进师范生学习的功能，又有鉴定学习情况和效果的评价功能。

它是促进职前教师自主学习的有效方式。

它是培养职前教师信息化素养、教学实践能力的好帮手。

它是提高师生互动质量、叙事反思能力的有效策略。

它是促进职前教师发展的学习性评价。

网络日志的特点：①零技术。创建网络日志的门槛非常低，可谓是零技术。对于无任何计算机专门技术的人而言，只要你有一台能够上网的电脑，一个有效的邮箱，能懂得打字，能收发电子邮件等简单上网的操作就可以建立自己的网络日志，可以在上面发布网络日志。这不像以前，要建立个人网站，必须具备很多的网络知识，如域名、网页制作、编程等。因此，创建一个网络日志，只要知道建立网络日志的基本知识，就可以在网上和学生、同事、学者进行交流、对话。②零成本。现在申请网络日志就像以前申请免费邮箱一样，不需要任何经济成本如注册域名，不需租用服务器空间，雇人帮你开发设计。而且许多门户网站都提供免费的、简单的、易用的网络日志管理工具，这些都是推动网络日志发展的第一动力，因而只要你愿意，随时可以注册若干个网络日志。③零机制。共享、自由和开放是博客的核心精神，任何一位博客都可以使自己或者他人的文档进行链接或被链接，不存在版权或者知识产权的问题。正如雷蒙德所说的"Linux 定律"，"如果有足够多的眼睛，所有的错误都是浅显的"。这也就是说，这种零机制使博客点燃了思想的烈火，人人都被激励起来，形成了"众人拾柴火焰高"的现象。④零编辑。在网络日志领域，作者＝读者＝编辑，只要你愿意，你可以随时将自己的心得体会、个人感想、自我检查等发布上去，它与传统的写作有着截然不同的"体验"，真正实现了"零磨损"的开放式写作。因而，戴夫·温纳（David Winer）将网络日志定义为没有经过编辑的个人声音。⑤零形式。目前互联网技术的迅速发展，使许多网站竞相争奇斗艳，不仅表现形式十分灵活且丰富多彩，虽然好看，但往往缺乏核心的实质性的内容，有些华而不实。内容永远是媒体的核心，网络日志在这一点实现了突破，它提供了自由、灵活的模板，从而免去使用者为各种多样的形式浪费宝贵的时间和精力，进而可使其内容获得最大的解放。其次，千年以来形成的以文字为主的表达方式还是人们获取信息的主要形式，在网络日志里，文字的形式始终是主流，人们不必为图片、动画制作的繁杂而感到烦恼。①

（二）自主学习

学习是人类最基本的社会实践活动之一。人的整个生命活动都是在学习，没有任何时间是没有学习的。每一个行动都是学习，每一种关系都是学习。一般认为，学习有广义和狭义之分。广义的学习是指人和动物为适应环境的变化，在生活过程中获得个体经验的过程。狭义的学习是指在学校教育情景下，在教育者的指导下，学习者由经验而获取知识、改变行为以完善人格的过程。

由于学习本身的复杂性和分类的标准的不同，研究者对学习的分类存在明显的差异。布卢姆以教育目标为标准将学习分为认知学习、情感学习与技能学习。加涅根据学习的简繁程度将学习分为八个层次：信号学习、刺激——反应学习、连锁学习、词语联想学习、辨别学习、概念学习、原理与规则学习、解决问题学习。后来，他又把学习分为五个层次：联结与连锁学习、辨别学习、概念学习、规则学习、高级规则学习。奥苏贝尔根据学习进行的方式，把学生的学习分为接受学习与发现学习；根据学习的内容和方法把学习分为机械学习和有意义的学习。我国学者潘菽依据学习的内容和结果把学习分为：知识的学习、技能和熟练的学习、心智

---

① 杨晓新，章伟民. 博客在教育中的应用研究 [J] 中国远程教育，2006（6）：47-50.

的、以思维为主的能力的学习、道德品质和行为习惯旳学习。按照学习的内容为标准，学习可分为知识的学习、技能的学习和行为规范的学习。按照学习进行的方式，学习可分为接受学习与发现学习。接受学习是以获得系统的学科知识为目的，学习的内容是以定论的形式呈现的，学生是知识的接受者。发现学习也以系统的学科知识的获得为目的，但强调学生在获取知识的过程中积极主动发现、分析、理解并掌握基本结构，学习内容常以问题形式呈现，学生是知识的发现者。按照新旧知识的联系为标准，学习可分为有意义的学习和机械学习。按照学习主体的参与程度为标准，学习可分为自主学习与被动学习。

（三）混合课程

按照课程的传递方式，课程可分为面对面课程和在线课程。面对面课程是指教师向学生面对面地传递课程知识。在线课程是指以网络作为知识主要传播方式的课程。许多人把混合课程定义为面对面和在线两种课程传递方式的结合。这样的理解恐怕只是对其表面特征的描述。维基百科将混合课程定义为面对面互动（如课堂讨论、小组合作及现场教学）与基于网络的教育技术（如在线课程模块、作业、论坛和其他网络辅助学习工具）的整合。维基百科的定义认为传统课堂和在线学习整合的度取决于课程的性质和主题。其认为，混合课程是将课程的大部分学习活动转移到在线学习，传统面对面教学时间相应就减少了，但没有完全消失。混合课程的目的在于整合面对面教学与在线学习的优势以减少面对面教学时间，促进学生自主学习。美国学者认为，混合课程是两种课程传递方式（面对面传递、在线传递）的最佳结合，既提供在线课程的方便性又没有失去传统的课堂优势。借鉴专家的定义，笔者认为，混合课程是面对面课程与在线课程按照适当的比例进行有效整合，以促进学习者学习目标的学习计划。适当的比例意味着面对面课程与在线课程之间需找到恰当的平衡；有效整合意味着面对面课程与在线课程形成优势互补，既利用面对面教学中教师的示范、点评和师生情感交流的机会，消除在线学习的孤独感；又利用在线学习资源共享，易于自主学习的优势，弥补面对面教学学习者缺乏自主性的不足。

（四）基于网络日志的教学模式

按照我国现代汉语词典（1994）的解释，模式是指"某种事物的标准形式或可以使人照着去做的标准样式"。1972年，美国学者乔伊斯和威尔认为，"教学模式是构成课程（长时的学习课程）、选择教材、指导在教室和其他环境中教学活动的一种计划或范型"。我国学者冯秀琪认为，"教学模式是教学的标准形式，它是教学思想、教学原理、教学方法、教学形式等诸因素的高度概括，是从整体上思考教学过程的一种工具和方法。它所提供的是和教学理论联系的教学技能，具有典型性、可学性和较强的理论功能和实践功能"。借鉴专家的定义，笔者认为，基于网络日志的教学模式是以对话理论、建构主义理论及混合学习理论为指导，以理论学习、视频案例、同伴教学及网络日志为基本模块，以师范生自主学习为中心，以培养师范生的自主学习能力和良好的教学素养为目标的教学形式。它有四个基本要义：一是以对话理论、建构主义理论及混合学习理论为基础，注重师生、生生之间的互动，注重学习者主动建构知识的意义，注重传统面对面教学与在线学习的整合；二是以师范生的自主学习为中心，充分发挥师范生学习的自主性、能动性和创造性，培养师范生的自主学习能力；三是强调理论学习和实践应用的结合，突出师范生把理论知识应用于实践，以获得教学的实践性知识；四是依据同伴教学和网络日志进行学习性评价，促进师范生养成良好的教学素养。

第二章　基于网络日志的师范生自主学习的理论基础

在网络信息社会，教育是主体间的指导学习。师范生应用网络日志自主学习的核心是教师教育者如何促进师范生学习的主体性发挥。教师教育者的主体作用在于对师范生自主学习的引导上。教师教育者主体性发挥的关键之一就是如何处理学习引导和尊重学生之间的关系。基于网络日志的师范生自主学习以对话理论、建构主义理论和混合学习理论为基础。

第一节　对话理论

一、对话是一种主体间性关系

从对话主体而言，对话是"我与你"的主体间性关系。马丁·布伯在对话哲学中之所以有着重要的地位，是因为他提出了"我与你"关系的概念，并对人与人之间的领域进行了深入的探讨。布伯最基本的学说是"关系本体论"。"关系本体论"中的"关系"就是"之间"，它是与以往主体哲学区分的标志。他认为个体同世界发生关联的方式有两种，分别由原初词"我——它"与"我——你"来表达。在"我——它"关系中，人把他周围的它者——他人或世界万物——都当作与我相分离或对立的客体来认识，是我利用的对象或经验物。在这种关系中，"我"是世界的中心，"我"去认识它者，去利用和改造它者，使它者为我服务。"我——它"关系是一种功利的工具关系，是对立的也是不平等的。在"我——你"关系中，你不再是一个与我相分离的经验之物，而是一个与我同样的独立自由的主体性的人，"你"就是世界，"你"就是上帝。在"我与你"的相遇中，我向你诉说，我以我的整个存在，我的全部生命和我的本真个性来接近你，你则对我做出回应；你我双方都以整个身心投入这种关系。"你不再是一经验物，利用物，我不是为了满足我的任何需要，哪怕是最高尚的需要（如所谓爱的需要）而与其建立'关系'。"在"我——它"关系中，"它"（客体）是"我"（主体）认识、利用的对象和经验物。在这种关系中"我——它"是对立的，而不是一种交融的，"我"不能发现自身的意义。而"我——你"关系则是人类应有的真正的基本关系。"我——你"关系是真正的对话关系，是活生生的相遇关系。在关系世界里，"'你'与我相遇，我步入与'你'的直接关系里"。①正是在"我——你"关系的领域中，人才存在为人，人才没有被概念僵化，关系的领域是人类现实的原初范畴。在"我与你"的相遇中，我以我的整个存在，我的全部生命和我的本真个性来接近"你"，"你不再是一经验物，利用物，我不是为了满足我的任何需要，哪怕是最高尚的需要（如所谓爱的需要）而与其建立'关系'。因为'你'便是世界，便是生命，便是神明。"②正是"我——你"的对话关系才揭示了人生意义的深度，奠定了人与人之间的主体间性关系。

与布伯的关系本体对话类似的还有巴赫金的他者性对话。巴赫金认为，人的主体建构只能在自我与他者的对话中实现。对话是"自我"与"他者"的对话性对立，是存在的本质，是任何人存在的基本方式。他认为"一切莫不都归结于对话，归结于对话式的对立，这是一切的中心。一切都是手段，对话才是目的。单一的声音，什么也解决不了。两个声音才是生命的最低条件，生存的最低条件"③。一方面，巴赫金承认，生活中的每一个人（自我）在存在当中都无可避免，都占据独一无二的位置，每一自我"在世界上的位置是唯一的不可取代的"，而且，"审美观赏和伦理行为不可能脱离开这种行为主体和艺术观赏主体在存在中所占据的具体而唯一的位置。"另一方面，巴赫金指出，自我与他人都是人的整体的组成

---

① 布伯 . 我与你 [M]. 北京：生活·读书·新知三联书店，2000.

② 布伯 . 我与你 [M]. 北京：生活·读书·新知三联书店，2000.

③ 巴赫金 . 诗学与访谈 [M]. 石家庄：河北教育出版社，1998.

部分，"我的生活是在时间上包容其他人存在的一种东西"。据此，巴赫金把他人视为自我存在的前提，认为自我并不是封闭的存在，它只能存在于和他人的对话交往中。巴赫金首先"肯定他者"的存在，强调他者存在的绝对性和无限性，但同时又把自我主体的建构置放在自我与他者对话的现实语境中实现。自我通过他者来显现自己，而他者亦通过我的观照也得以存在，自我不能同化他者，不能把他者作为对象认识，而只能与之接触，只能与之相遇和对话。在自我与他者的接触、相遇和对话中，双方都有可能面目全非，但都丰富了自我，充实了自我，更新了自我，同时还保持了自我身份的同一性。巴赫金在对现实人存在的深刻思考基础上，论述了他者的意义，克服了哲学上的唯我论，认为任何个体，要建构自我的主体，必须树立一个他者，离开他人，存在就是虚无。他者意识的出现，就是对传统的自我中心意识的解构，这正体现出巴赫金关于人的主体建构的革命性意义所在。在他看来，每一个人的存在应受到重视和关怀，每一个人都是自由的、平等的、独立的存在，都有其独特的价值，只有在"肯定他者"的前提才有"主体间"的主体建构理论。

对话是人存在的本质。布伯认为，在"我——你"相遇的狭窄的山脊上，存在一个"之间"的领域。"之间"只存在于"我——你"的关联中，是存在者相遇的共有领域。"之间"既不是单独发生在每一个参与者身上，也不是出现在一个包括双方和所有他物在内的中立世界中。布伯说："如若我和他人相遇，互相'偶遇'，那么这个总和就不再分割，而是有一留存物，此物在心灵终结而世界尚未开始之处。这个留存物即是本质之物。"[①] 布伯指出："与'你'的关系直接无间，没有任何概念体系、天赋良知、梦幻想象横亘于'我'与'你'之间，…… 一切中介皆为阻碍。仅在中介坍塌崩毁之处，相遇终始会出现。"[②] 也就是说任何中介都会使关

① 布伯. 人与人 [M]. 北京：作家出版社，1992.

② 布伯. 我与你 [M]. 北京：生活·读书·新知三联书店，2000.

系本身丧失实在性而使人类迷失于中介中，却忘记了与世界原本具有的密切关系。巴赫金指出："生活的一切全是对话，也就是对话性的对立。""生活就其本质来说是对话的：提问、聆听、应答、赞同等等。人是整个的以其全部生活参与到这一对话之中的，包括眼睛、嘴巴、双手、心灵、整个躯体、行为。他以整个身心投入话语之中，这个话语则进到人类生活的对话网络里，参与到国际的研讨中。"生活的本质是对话，独白是对生活的背离。这是巴赫金对人和人的最根本存在方式的理解。对话是一个无限进行的过程，永远没有终结。人类生活在其本质上是对话性的，生活的海洋又是无限的，"只要人活着，他生活的意义就在于他还没有完成，还没有说出自己最终的见解"。"世上还没有过任何终结了的东西；世界的最后结论和关于世界的最后结论，还没有说出来；世界是敞开着的，是自由的；一切还在前头，而且永远只在前头"。"真理只能在平等的人的生存交往过程中，在他们之间的对话中，才能被揭示出一些来（甚至这也仅仅是局部的）。这种对话是不可完成的，只要生存着有思想的和探索的人们，它就会持续下去。对话的终了，与人类和人性的毁灭是同义语。"巴赫金认为这种未完成性就是人的存在、世界存在的特性。这等于说，人永远在发展中，没有可能的终极，没有永恒的完成，任何完成即意味着停滞、意味着死亡。恰如海德格尔所说，"人之为人，就是去成为一个人"，即人永远处在发展和自我实现的旅途中。又如雅斯贝尔斯所说，"我没有自身，而是趋向自身"。人永远地处在成为一个人、趋向自身，即超越现实、超越自我的永恒旅途中。因此，人是未完成的，人永远处于生成、发展的旅途中，具有内在的未完成性。

马克思说过，"人的本质在其现实性上是一切社会关系的总和"。那么，又是什么将人类社会的一切社会关系联结、沟通起来呢？这就是用话语呈现出来的对话关系。对话关系浸透了人类生活的一切关系和一切表现形式，总之是浸透了一切蕴涵着意义的事物。

对话是主体间的动态相遇。布伯对话理论中的"我——你"关系，从动态上来看，实质是一种精神上的相遇关系。布伯说："凡真实的人生就是相遇的人生。"①关系中的双方步入"之间"的领域，也就是"我——你"的相遇。相遇就是"我——你"相会于时间的当下，面对面的交流和沟通。相遇是相互沟通的保障，并为对话创造了契机。相遇使主体摆脱了自我中心主义，向世界敞开，并形成无限的关系世界。类似地，在巴赫金的复调小说中，作者与主人公同为主体而相遇、交流。复调本是音乐的一个术语，它指有两个声部或更多互相独立的音乐，与主调音乐（主要以和弦音乐为基础的音乐织体，它以一个声部为主，其他声部配合映衬主调的展开）有别。它是由各自独立、具有自身价值的不同声音和意识组成，每个声音都有相对的自由和独立性。复调的实质恰恰在于：不同声音在这里仍保持各自的独立，作为独立的声音结合在一个统一体中，这已是比单声结构高出一层的统一体。如果非说个人意志不可，那么复调结构中恰恰是几个人的意志结合起来，从原则上便超出了某一人意志的范围。可以这么说，复调结构的艺术意志，在于把众多意志结合起来，在于形成事件。"相信有可能把不同的声音结合在一起，但不是汇成一个声音，而是众声合唱；每个声音的个性，每个人真正的个性，在这里都能得到完全的保留"。在巴赫金的复调小说中，作者是行为的主体，创作的主体；而主人公虽然是行为主体创造的产物，但他却是作者创造的一个具有生命力的，有着自己的思想、观念的个体，一种拥有独立的"自主意识"的主体。所以他一再强调主人公应是"在场者"，不应是"缺席者"，是相对于作者而独立、自由、平等存在的"你"。作者与主人公在复调小说中相遇、对话，两者都享有平等的话语权。如果没有每一个平等的主体享有话语权——对他人、世界的言说权，那么对话就不复存在了。

---

① 布伯. 我与你 [M]. 北京：生活·读书·新知三联书店，2000.

二、对话是一种主体间的交往

从对话的过程而言，对话是主体间的交往行为。哈贝马斯把人的行为分为"工具行为"和"交往行为"。"工具行为"是按技术规则进行的，主要涉及人与自然的关系，具有工具性和策略性。"交往行为"是指人与人之间的相互作用，它以语言为媒介，通过对话达到人与人之间的相互理解和一致，它的含义与我们所说的对话很接近。

在现代社会，随着科学技术成为第一生产力，"工具行为"越来越占统治地位，"工具行为"侵入交往行为，人们把处理人与自然关系的方式照搬到处理人与人之间的关系上，每个人都把对方当成利用的工具，出现了交往的异化，这是一种"目的——手段"的行为。在人们主体视野里，人所面对的对象都是有待他去征服的客体。当我们把他人当作客体去征服时，他人就是萨特所说的"他人就是地狱"，这必然造成人与人之间的紧张关系，冲突和对立在所难免，交往行为越来越不合理。解决这一问题的途径就是重建"交往理性"。在哈贝马斯那里，交往就是对话，交往理性就是对话理性。所谓"交往理性"就是为了达成理解和一致，人们自觉遵守交往的规范，重返公共领域，形成交往共同体。

哈贝马斯的交往理论是建立在普遍语用学的基础之上的，他认为一个一个成功的语言交往活动，不仅是说出合乎规范的句子，更重要的是使对话双方进入彼此认同的人际关系中。为了实现交往行为参与者共同追求的沟通目标，"撇开符号表达的完整性不谈，一个追求沟通行为者必须和他的表达一起提出三种有效性要求，即：

（1）所作的陈述是真实的（甚至于只是顺便提及的命题内涵的前提实际上也必须满足）；

（2）与一个规范语境相关的言语行为是正确的（甚至于它应当满足的规范语境自身也必须具有合法性）；

（3）言语者所表达出来的意向性必须言出心声。

也就是说，言语者要求命题或实际前提具有真实性，合法行为及其规范语境具有正确性，主题经验表达具有真情性。"①

哈贝马斯指出，在对话中，不仅要遵守普遍语用学原则，而且还应遵守全人类的伦理学原则，即人的权利平等，尊重个人的尊严。他认为，在公共生活领域生活起决定作用的是道德规范之类的社会整合形式，只有"道德——实践型知识"才对交往和交往结构起决定性作用。按照哈贝马斯的理解要建构交往的人际关系，实现人与人之间的交往行为，人不仅要有语言的能力，还需要有道德的能力作为支撑。

哈贝马斯对对话理论的最大贡献是他对对话条件的研究。他认为对话至少要满足两个条件：交往理性是对话参与者自身的条件（即"交往资质"），公共领域则是外部环境方面的条件。"公共领域"又成为"公共空间"，是人们相互交往的场所，是公共权力领域与私人领域之间的中间地带，是交往共同体。公共领域的存在不仅是对话型社会的标志，它还可以进一步培养和强化公民的对话意识。公共生活空间可以培养公民一种交往、参与意识和集体观念，向公民群体灌输和强化平等意识，还可以培养公民的自律意识。

对话与交往理性是互为前提，互相包含的。交往理性中的规范和对话的其他规约要在对话中形成，要以对话的方式达成一致，得到认同；如果那些规范是先在的、强制性的，便违背了对话的基本原则。而真正的对话，是离不开那些规约的。公共领域包含对话，对话也包含公共领域，但公共领域的形成，除了对话，可能还需要别的条件。

三、对话是珍视差异与共享意义

从对话的前提而言，对话是珍视差异的。对话是以差异性为基础的。差异性，简而言之，即作为参与对话的各对话者在先天条件、基础上的差

---

① 哈贝马斯. 交往行为理论 [M]. 上海：上海人民出版社，2004.

别和生来区别于他人的特点。从生理和心理学出发，个体在神经心理活动方式、活动特点和活动方式都存在客观差异。这种差异使形成或构成个体的智力性素质和非智力性素质有别于他人。这些区别形成了个体风格、倾向、潜力、动机的差异。个体的差异是客观存在的，作为参与对话的各对话者都是差异性的存在，对话者就某一个议题进行对话之初都有自己的观点（成见），我们只有承认这个成见存在，对话才能够展开。也就是说差异性的存在是对话的一个基本条件。在真正的对话过程中，对话是支持不同观点的存在，鼓励对话者从多维视觉尽可能提出不同的见解，让这些不同的观点进行交锋、碰撞，并生成新的观点、新的意义。以此看来，对话就是进行中的交响乐。在某一对话结束之际，对话的结果是共识与差异的共同存在，也是新一轮对话的展开之时。对话不是消除差异，而是理解差异、保护差异、珍视差异的存在，在差异的基础之上进行协商、建立联系、增强理解、共享意义，并消除由隔离所产生的对立和仇恨。据此可见，在对话之初、对话之中、对话结束之际差异性如影随形自始至终伴随着对话，并给对话带来新的生命和活力。

从对话的结果而言，对话是寻求共享意义的。共享意义是"伯姆对话"的核心。对话（Dialogue）一词源于希腊词"dialogos"。Logos 的意思是词（the word）或词的意义（meaning of the word）。Dia 的意思不是"两"个（two）而是穿越（though）。伯姆指出，对话不仅仅发生在两个或两个以上的人之间，甚至一个人也可以与自己对话。这意味着对话仿佛是一种流淌于人们之间的意义溪流，它使所有对话者都能够参与和分享这一意义之溪，并因此能够在群体中萌生新的理解和共识。[①] 通过对话，人们共享意义，意义就像"胶水"或"水泥"一样，把人和社会黏结起来。

"伯姆对话"的共享意义与哲学解释学的视域融合有异曲同工之妙。哲学解释学的核心概念是理解，理解的过程就是理解者的视域与理解对象

---

① 伯姆. 论对话 [M]. 北京：教育科学出版社，2004.

的视域进行对话的过程。对话的结果，就是两种视域的融合。视域就是展现视界的区域，指观点、看法、见识。每个人处于不同的历史中，其视域是不相同的。解释者的任务不是抛弃自己的视域，而是在理解中扩大自己的视域，使它与别的视界融合一体，这就是视域融合。理解的过程就是理解者与理解对象进行对话的过程，这不仅仅说理解是一种以语言为媒介的对话，理解的结构是对话的结构，而且还指理解具有对话最重要的本质特征：两个主体之间的互动，也就是理解者与理解对象两个主体之间，理解者的视界和理解对象的视界之间的互动。他们都敞开自己，接受对方的影响，没有主体在先或客体在先的形而上学，走向一个没有事先设定的视域的融合。

　　对话要实现共享意义就需要"搁置己见"。即对话者要将自己的观念和想法搁置起来，对其进行反思，同时让每个对话者真实地表达自己的观念，并对他们搁置起来进行审察和审视，从而弄清楚这些观念的真正含义所在。正是各种不同观念的呈现，他们之间的差异就会显现出来，于是产生了摩擦和碰撞，对话的核心就在于此。[①] 只有当我们充分认识到这一点之后，对话者的自我保护心态逐渐消失，对话群体产生一种自发的友情，促使每个对话者在对话中做到搁置己见，大家共同审视一切，分享共同的意义，共享彼此。就像大家可以一起分享食物那样，我们大家也能够对这一共同意义进行分享。每个对话者坐到一起来相互交流，进而创造出一个共同的意义；我们既"参与其中"，又"分享彼此"，这就是共享。通过共享，对话群体可以形成一种共同的思想。同样，伽达默尔认为，读者与文本或文本作者之间展开对话必须悬置自己的理解结构，让文本来提问。当"我"把文本当成"你"来进行交流时，文本就以一种新的姿态展现在"我"的面前，"我"就可以将文本的意义与"自己所理解的意义（理解结构）"建立起来联系。如果这种对话能够顺利进行，就会创造出一个新的

---

① 伯姆. 论对话 [M]. 北京：教育科学出版社，2004.

世界。伽达默尔认为意义不在文本之内，而存在于对话的问答当中。正是在这种对话的过程中，理解就产生了。

共享意义的对话，意味着每一个对话者都有发言的机会，能真实地表达自己的想法和观点，对话不需要强者唱主角，也不需要弱者当配角，对话需要对话者共同参与其中互相一起配合工作，在对话者初始状态的基础上产生新的意义和新的真实，获得对意义的真实的理解。对话是将"意义""人"和"人通过理解获得的新的意义"统一起来的过程。真正的对话，绝不仅仅是表面上的言语交流，而是关涉到意义的双向理解、新的意义的生成，关涉到人的本质性的存在状态，关涉到主体间性的造就，关涉到"美好和真诚"——没有内外制约下的生活的建立。对话是在一定的历史、文化、社会境况及"生活世界"合作交往的背景下，各对话参与者彼此敞亮、交互共生的存在状态，以及心灵交感、意义沟通（意义的多向理解与生成）的互动过程。它是主体间以语言符号为媒介，通过知识、观念、信息、情感等的交流、沟通，以达成相互的"理解"和"共识"的行为。

从对话理论的角度审视教育，对话教育成为可能。对话教育是一种民主的、平等的教育，沟通的、合作的教育，交往的、互动的教育，相互言说、相互倾听的教育，创造性的、探究性的和生成性的教育，旨在以学生的发展为目的的教育。所谓教育，不过是人对人的主体间灵活交流的活动。这个交流活动就是对话，从某种意义上说，它规定着教育本质。我们把这种以对话为本质规定性的教育称为对话教育。巴西教育家保罗·弗来雷（Paulo Freire）积极倡导提问式教育，即对话式教育，主张用对话式教育取代灌输式教育。他指出，没有了对话，就没有了交流；没有了交流，也就没有了真正的教育。在其代表作《被压迫者的教育学》里阐述了他的对话教育的思想和理论。他认为，对话包含行动和反思两个方面，二者相互关联，相互作用。对话是人与人之间的接触，以世界为中介，旨在命名世界。对话是一种创造性行为，真正的对话是对世界的一种改造。对话不纯粹是一种语言上的交流和沟通，还与改造世界的行动和实践相联系。对话的基础和条件是平等、爱、谦虚和信任。对话教育的特征是：一种民主、平等、真诚的交流；提问是对话的关键，通过提问学生不仅学会回答问题，还会对问题提出疑问；对话是参与对话的各方的合作，而不是一方对另一方的压制。对话教育不仅仅是教育交往活动的一种形式，更是教育活动和过程中的一种对话的关系、对话的境界、对话的意识、对话的精神。

确立对话教育，意味着开辟了师生关系的主体间性领域。主体间性是主体之间在语言和行为上相互平等、相互理解和融合、双向互动、主动对话的交往关系，是不同主体间的共识，是不同主体通过共识表现的一致性。主体间性的师生关系应是一种"我－你"关系，或"肯定他者"为前提的关系。师生关系是一种"我－你"关系，意味着教师与学生不再是灌输知识与接受知识的主客关系，而是一种我与他人互为主体的关系，一种主体"之间"领域的关系。师生关系是一种"肯定他者"为前提的关系，意味着在每一个自我存在的前提之下，我存在于与他者的相互关联的共同存在之中。也就是说，教师的存在要先肯定学生的存在为前提，学生的存在要先肯定教师的存在前提。这种"我－你"关系或"肯定他者"带来了教师、学生的角色的变化，教师不再是学生的教师，而是学生教师，学生不再是教师的学生，而是学生教师。教师、学生身份边界的模糊，教师和学生都成为学习者，旨在营造一个平等的学习共同体。学习共同体的建立预示着师生关系的变化——从主客关系走上主体间的平等关系。这样师生关系就消除了相互间的客体化，消解了建立在"唯我论"前提下的主客体关系，师生双方的主体性得以彰显。以"我－你"关系或"肯定他者"为前提来观照师生关系，那就是师生和谐共生、相互理解、平等交流、共享意义、共同发展。在这种师生关系中，师生之间建立起了真正意义上的交流、沟通和对话。师生之间不再是以自我为中心去占有、同化他者，唯我独尊，而是两者都以活动主体的身份共同步入教育"之间"的领域（即主体间性领域），在那里，双方精神相遇，在经验共享中创生着教育的意义，提升生命的价值，享受着诗意的人生，师生成为共生共存共命运的真正共在。这才是新型师生关系的意蕴所在。

确立了对话教育，意味着对话不仅是一种原则或理念，也是一种方法，是一种方法论意义上的方法。它在本质上否定灌输式教育（独白的教育），主张提问式教育。灌输式教育的基本方法是讲解。"讲解（教师是讲解人）引导学生机械地记忆所讲的内容。尤为糟糕的是，讲解把学生变成了'容器'，变成了可任由教师灌输的'存储器'。"讲解法容易导致课堂变得死气沉沉，毫无生气可言。提问式教育的基本方法是问答法（对话法），即以问题为纽带的教学。提问式教育倡导师生就共同关心的问题进行交流和沟通，师生之间相互提问、相互应答，在问和答中，对各种意见、观点和观念进行批判性的思考，从而让知识得以掌握，意义得以明了，真理得以显现。问答法如果运用恰当，则能较好地激发师生的生命活力，让课堂变得生机勃勃。

确立对话教育，意味着教育对生命的关怀，体现了生命化教育的追求。在近代科技理性、工具主义的支配下，我们的教育语境并不关乎人的生命，而是把教育作为工具。"把'教育'理解为社会借此可以保存、延续、进步，个体借此得以获得某种素质而在未来过上'幸福''完满'的生活的工具。"这是教育的工具主义思维方式，导致了功利主义教育盛行，造成了生命的遮蔽。对话教育正是在此背景下，对一度异化了的教育进行反思和批判，体现了生命化教育的追求。

从对话理论的角度审视学习，对话学习成为可能。日本学者佐藤学认为，"学习，可以比喻为从已知世界到未知世界之旅。在这个旅途中，我们同新的世界相遇，同新的他人相遇，同新的自身相遇；在这个旅途中，我们同新的世界对话，同新的他人对话，同新的自身对话。因此，学习的实践是对话的实践"。在此基础之上，他提出了对话学习的三位一体论——重建世界、重建自身与重建伙伴。他认为学习的实践，是建构客观世界意义的文化性、认知性实践，建构自我与他人人际关系的社会性、政治性实践，实现自我修养的伦理性、存在性实践，可以说是"重建世界、重建自身与重建伙伴的实践"。在对话学习的这个定义中包含三种关系——学习者与客体的关系、与他人的关系、与自身的关系。对话学习的活动是建构客观世界意义的活动，是探索与塑造自我的活动，是编织自己同他人关系的活动。佐藤学是把学习性实践作为三种对话实践的综合——同客观世界的对话（建构世界，即文化性实践）；同他人的对话（结交朋友，即社会性实践）；同自己的对话（形成自我，即伦理性实践）来加以定义。对话学习这三个维度的"关系重建"是通过"意义重建"实现的。

对话学习把学习的实践从传统认知主义的束缚中解放出来，重新界定为借助同他人的团结与协作所实现的"合作性实践"，从而提出了"学习共同体"这一学校的构想。作为"学习共同体"的学校，不仅是儿童们合作的相互学习的学校，也是教师们作为教育专家合作的相互学习的学校，还是家长和市民参与学校教育、合作的相互学习的学校。

确立了对话学习，意味着知识概念的重建，体现了对知识的创新性追求。对话学习中，知识的本质在于知识是由个人建构和创造的，并且个人知识的建构和创造必须依靠意义的共享和协商。这里的建构和创造一方面它是指学习者对新信息的意义的建构，另一方面也包含学习者对原有经验的改造或重组，创造出新的知识。它主要有两种建构知识的方式：一是学习者的自主建构，二是学习者之间（包括师生之间、学生之间）的共同建构。知识不再是一个静态的、固定的书本内容，不再是一个已经完成的结果，不再被视为目的本身，而是一个动态的、开放的、生成的，处于不断的发展过程中，是师生进一步探究的资本，必不可少的资源，创新新知识的资料。对话学习意味着师生在学习知识、运用知识过程中，知识不断丰富自身，获得意义的持续增长。也就是说，知识的意义永远处于一个不断更新的过程中，是未完成性的。如果某个知识变为了结论、一个已完成的东西，那么离这个知识的消亡也就不远了。这意味着学习不仅仅是知识的传递过程，更是学习者主动建构知识、创造知识的过程。学习者的自主建构主要发生在对文本的理解与对话过程中，也就是学习者透过文本与作者进行的沟通和对话。每一位学习者在各自的视阈下，通过与文本的对话，获得关于某一主题或问题的不同理解，从而建构与个人经验密切相关的知识，即个人化的知识建构。学习者之间的共同建构是指不同的学习者之间（包括师生之间、学生之间）的合作与对话，共同建构关于某一主题或问题的知识，生成新的意义，以此来建构自己的知识。因此，学习就是学习者本人的自主建构和学习者之间的共同建构的有机统一。

确立对话学习，意味着学习是一种反思性实践，体现了学习对意义的追寻。反思性实践的基本构成要素就是行动和反思。反思性实践不是把人的世界视为一种自然世界，而视之为一种建构的世界。反思性实践的根本目的就是通过对社会现实的不断反思、批判而创造和建构意义。对话学习是一种反思性实践，是行动和反思的统一。就是说，对话学习不仅是师生话语展开的沟通过程，更是一个师生对话语进行不断反思、批判而建构意义的过程。

第二节　建构主义理论

一、建构主义知识观

建构主义知识观的含义极为丰富，不同的建构主义理论流派其观点存在明显的差异。建构主义理论的创始人皮亚杰认为：知识源于个体与外界的相互作用——活动。个体与外界的相互作用包括"同化"与"顺应"两个基本过程。"同化"是个体将外界刺激输入的信息整合到自己原有的图式（认知结构）中去。"顺应"是个体调节自己原有的图式（认知结构）

以适应刺激的变化过程。同化是个体原有图式数量上的扩充，而顺应则是个体原有图式性质上的改变。个体通过同化与顺应实现自己与外界刺激的平衡：当个体能用原有图式去同化外界刺激时，这时候个体的认知状态是平衡的；而当原有图式不能同化外界刺激时，认知平衡状态被打破，个体需要通过修改或创造新图式（顺应）寻找到新的平衡状态。个体的认知结构就是在同化与顺应过程中逐步建构起来，并在"平衡——不平衡——新的平衡"的反复循环中得到不断的丰富、提高和发展。这表明知识不是一种纯粹的客观存在，不是等待人去发现的东西，而是存在于人与外界事物的实践活动中，需要人对事物或问题做出自己的解释和假设。

心理学家维果茨基认为，知识是属于社会的，并以文本的形式存在，知识建构只能发生在一定的社会历史文化背景中。激进建构主义的代表人物冯·格拉赛斯费尔德认为，所有的知识都是在个体与经验世界的对话中建构起来的，而这要以个体的认知过程为基础。激进建构主义提出了知识建构的两条基本原则。

（1）知识不是通过感觉或交流而被个体被动地接受的，而是由认知主体主动地建构起来的，建构是通过新旧经验的相互作用而实现的。

（2）认识的机能是适应自己的经验世界，帮助组织自己的经验世界，而不是去发现本体论意义上的现实。

社会建构主义者主张，知识不仅是在个体与物理环境的相互作用中建构的，社会性的相互作用同样重要，甚至更加重要，人的高级心理机能的发展是社会性相互作用内化的结果，而在此过程中，语言等符号具有极为重要的意义。

社会文化认知流派认为，心理活动是与一定的文化、历史和风俗习惯背景密切联系在一起的，知识与学习都是存在于一定的社会文化背景中的，不同的社会实践活动是知识的来源，所以，它着重研究不同文化、不同时代和不同情境下个体的学习和问题解决等活动的差别。学习发生在为达到某种目标而进行的实际活动中，解决遇到的实际问题，从而学习某种知识，学生在问题的提出及解决中都处于主动地位，而且在其中可以获得一定的支持。

社会性建构论认为，知识根本不存在于个体内部，而是属于社会的，它以文本的形式存在，所有的人都以自己的方式解释文本的意义。建构主义不同的理论流派尽管对知识观的阐述存在差异，但其核心思想是一致的：知识是个体主动建构的。

总而言之，建构主义知识观的基本观点是：知识不是客观的东西，不是存在于外部世界的某种东西的摹写，不是通过传授获得的，而是学习者基于自己的经验以及所处的社会文化历史背景，借助教育者和学习伙伴的帮助，利用必要的学习资料，以主体的经验、解释和假设等方式主动建构起来的。因此，教育所关心的是尊重、激发和协助学习者与外部世界相互作用的主动性和积极性，反对教师的外部灌输，主张个体主动的自我建构，使知识与个体的主体意义世界统一起来。

基于网络日志的师范生自主学习体现了知识建构的观点。单纯的书本知识是没有用的，因而学习不能是简单的记忆或背诵书本知识，而是要让学习者在实践活动中发现问题、分析问题、解决问题，生成自己的经验和理解，这是师范生应用网络日志自主学习的初衷所在。

二、建构主义学习观

建构主义学习观认为，知识不是通过教师传授得到的，而是在一定的社会历史文化背景下，学习者查阅相关学习资料，占有学习资料，在与他人的互动和合作中，通过意义建构获得知识。由于学习是在一定社会文化背景下，借助其他人的帮助即通过人际间的协作活动而实现的意义建构过程，因此建构主义学习理论认为"情景""协作""会话"和"意义建构"是学习的四大要素或四大属性。

（1）"情境"：学习环境中的情境必须有利于学生对所学内容的意义建构。这就对教学设计提出了新的要求，也就是说，在建构主义学习环境下，教学设计不仅要考虑教学目标分析，还要考虑有利于学生建构意义的情境的创设问题，并把情境创设看作是教学设计的最重要内容之一。

（2）"协作"：协作发生在学习过程的始终。协作对学习资料的搜集与分析、假设的提出与验证、学习成果的评价直至意义的最终建构均有重要作用。

（3）"会话"：会话是协作过程中不可缺少的环节。学习小组成员之间必须通过会话商讨如何完成规定的学习任务的计划；此外，协作学习过程也是会话过程，在此过程中，每个学习者的思维成果（智慧）为整个学习群体所共享，因此会话是达到意义建构的重要手段之一。

（4）"意义建构"：这是整个学习过程的最终目标。所要建构的意义是指：事物的性质、规律以及事物之间的内在联系。在学习过程中帮助学生建构意义就是要帮助学生对当前学习内容所反映的事物的性质、规律以及该事物与其他事物之间的内在联系达到较深刻的理解。这种理解在大脑中的长期存储形式就是前面提到的"图式"，也就是关于当前所学内容的认知结构。

建构主义强调学习者在学习过程中并不是发展起供日后提取出来以指导活动的图式或命题网络，相反，他们形成的对概念的理解是丰富的、有着经验背景的，从而在面临新的情境时，能够灵活地建构起用于指导活动的图式。建构主义学习观强调学习的自主性、选择性、累积性、目标指引性、诊断性与反思性、情景性及建构意义的过程。

第一，学习是自主性的。建构主义认为，学习并不是学习者被动地接受知识的过程，而是学习者积极主动的建构知识、生成新经验的过程。学习者在遇到新事物时，好奇心会让他用已有的认知经验去同化或顺应新事物，尝试建立新旧经验的联结，给出自己的解释，通过主动建构赋予新事物意义，从而生成新的认知结构。学习是学习者主动建构知识的意义，生成自己的经验、解释和假设。那么，这一个过程必然不是被动的，而是主动的、自主的。学习者在学习过程中遇到新事物、新现象、新信息、新问题，感到好奇和困惑，那他就有必要建立新旧知识经验的联结，进行高层次思维，尝试做出各种解释，生成自己的理解。正如建构主义的代表之一维特罗克所指出，学习者不是被动地将知识由外到内的一种传递和转移，而是需要对外部信息或符号进行选择和加工，通过建构主动地赋予这些知识一定的意义；通过新知识与原有知识经验的相互作用，主动改造、充实、丰富已有的认知经验。

第二，学习是选择性的。建构主义认为，学习者不是单纯的"知识接受者"，而是"活动式探究者""意义和知识的建构者"。在实际的学习中，学习者的选择性是至关重要的，学习者根据过去的知识经验主动选择、寻找信息，然后加以解释、生成新的意义。

第三，学习是累积性的。建构主义认为，在学习过程中，学习者学什么、学多少、怎样学的方式建立在以前学习的基础上或在某种程度上利用以前的学习。知识的累积是必要的，但并不是原有知识量的叠加，而是原有知识质的突破。

第四，学习是目标指引性的。建构主义认为，学习是有目标定向的、驱动的，只有学习者明确制定自己的学习目标并获得所希望的预期成果时，学习才可能是成功的。但必须注意的是学习目标不是从外部、由他人设定的，而是学习者根据真实任务自己设定的。所谓真实任务是指与真实世界相关的、具有实用性和适度复杂性的、跨学科的整合性任务。在解决这种真实任务的过程中，学习者始终会面对各种各样问题，正是在解决问题的过程中，促成真正的学习。因此，真正的学习的目标只可能产生于学习过程的内部，产生于学习者与教师、教学内容、学习环境的相互作用之中。而且，在学习的进程中，学习者可以从学习的需要出发，对初始目标进行分解或将其转换为其他目标。由此可见，在建构主义学习中，学习目标的功能如同灯塔一样具有导向作用，在动态的学习过程中应鼓励学习者确立自己的目标，通过不同的途径达到目标并评定自己在达到目标过程中获得的进步。学习目标是学习者自主制定的，它具有导向作用。

第五，学习是诊断性与反思性的。建构主义认为，以诊断性与反思性作为建构主义学习的重要特征，这意味着，学习者从自我监控、自我测试、自我反思等活动中，诊断和反思他们在学习中所追求的是否符合自己设置的目标，是否能为今后的学习提供指南。这种以促进学习为核心的评价较少使用强化和行为控制工具，而较多使用学习者的自我分析和元认知工具。诊断和反思好比学习过程的一面镜子，它所面对的是动态的、持续的、不断呈现的学习过程与学习者的进步。这一评价的目的在于较好地根据学习者的需要和不断变化的情况完善学习策略，更好地促进学习者的学习，不断获得进步。这就需要学习者判断自己当前处于什么水平、离学习目标还有多大差距，做到心中有数，即学习诊断性。同时，学习者需要不断地总结、反思学习的过程、策略、方法及成效，以利于及时发现问题，解决问题，诊断和反思像一面镜子映照整个学习过程，不断呈现学习者的学习过程与进步。

第六，学习是情境性的。建构主义认为，学习离不开一定的社会文化情境，人要获得某种知识不能超越具体的情境。学习情境不是一个不相关因素，而是有机地卷入到人的知识建构活动之中。

基于网络日志的师范生自主学习以建构主义学习观为基础，强调师范生在学习过程中的主动性和独立性，强调学习动机的自我激发，强调学习内容的自我选择，强调学习策略的自我调整，强调学习的反思和自我评价。

三、建构主义教学观

根据建构主义的知识观和学习观，知识不是客观存在的东西，学习不是被动接受知识，那么，教学就不是传递书本知识，而是创设一定问题情境和学习支持系统，促进学习者主动建构知识、生成意义。建构主义教学观认为，在教学过程中，教师创设和利用教学的问题情境，为学习者提供自主学习、协作、对话等学习环境，充分发挥学习者的主动性、积极性和首创精神，最终达到使学习者有效地实现对当前所学知识的意义建构的目的。

在建构主义教学观中，强调学习者对知识的主动探索、主动发现和对所学知识意义的主动建构，学习者是知识意义的主动建构者，而不是外界刺激的被动接受者；教师是教学过程的组织者、指导者、意义建构的帮助者、促进者，而不是知识的传授者、灌输者；教材所提供的知识不再是教师传授的内容，而是学生主动建构意义的对象；教学媒体也不再是帮助教师传授知识的手段、方法，而是用来创设一个轻松愉快、生动活泼而又能引起个体认知冲突的教学情境、问题情境，激发学习者的好奇心和建构认知图式情境，进行协作学习和会话交流，以突出学习者之间合作学习和小组讨论，即作为学生自主学习、协作学习的认知工具。

建构主义教学观的核心思想可以概括为：教师指导与学生自主建构的统一、问题情境的创设、探索研究、对话、协作和共享。

建构主义教学观认为，有效的教学首先需要教师观念的改变，教师不再是"知识权威"的化身，不再是知识的简单传授者和强制灌输者，而是教学过程的有效组织者和管理者，学生学习的指导者、帮助者和促进者。学生才是学习的责任主体，他们是知识意义的主动建构者。

其次，教师创设开放性的教学情境，营造自由、民主、平等的学习氛围，让学习氛围变得既轻松愉快、生动活泼，又能发人深思，从而激发学习者学习的自觉性，充分发挥学习者的主观能动性，让学习者在自主学习、协作学习和对话学习中达到建构知识、生成意义之目的。

再次，教学不再以教材为中心，而是以问题为中心，围绕学生的经验，创设问题，凭借问题激发学习者的探索研究。学生在问题解决的过程中主动发现知识和建构知识的意义。

最后，强调协作学习的重要性，要求学习环境能够支持协作学习。在建构主义教学观的指导下，建构主义提出了多种教学设计模式：支架式教学设计模式、抛锚式教学设计模式和随机进入教学设计模式。

基于网络日志的教学模式以建构主义教学观为理论基础，强调教学过程是教师指导与自主建构的统一，强调问题情境的创设，强调教与学的对话、互动，强调学习者之间的合作。

第三节　混合学习理论与元认知理论

一、混合学习理论

关于混合学习的概念界定，国内外学者给出了多种定义和解释。Driscoll 曾对混合学习进行了较为全面的论述，她认为混合学习意味着学习过程可以是"基于 Web 的技术的结合或混合，以实现某一教学目标；是多种教学方式和教学技术或非教学技术的结合，共同实现最理想的教学效果；是任何形式的教学技术与基于面对面的教师教学培训方式的结合；是教学技术与具体的工作任务的结合，以形成良好的学习或工作效果"。Singh & Reed 认为，混合学习是在适当的时间，通过应用适当的学习技术与适当的学习风格相契合，对适当的学习者传递适当的能力，从而取得最优化的学习效果的学习方式。混合学习的重点不在于混合哪些事物，而在于如何混合，其目的在于达到最优的学习效果和经济效益。何克抗教授指出，所谓 Blended Learning 就是要把传统学习方式的优势和 e-Learning 的优势结合起来，也就是说，既要发挥教师引导、启发、监控教学过程的主导作用，又要体现学生作为学习过程主体的主动性、积极性与创造性。只有将这二者结合起来，使二者优势互补，才能获得最佳的学习效果。黎加厚教授认为，混合学习是指对所有的教学要素进行优化选择和组合，以达到教学目标。教师和学生在教学活动中，将各种教学方法、模式、策略、媒体、技术等按照教学的需要娴熟地运用，达到一种艺术的境界。上述的这些定义，从不同的侧面对混合学习进行了诠释，Singh & Reed 强调五个"恰当的"把握；Driscoll 倾向于混合学习的技术结合；何克抗教授更强调两种学习方式的优势互补；而黎加厚教授则从系统的角度加以定义。不难看出，混合学习的关键在于如何有效整合传统教学和在线学习的优势，使两者优势互补，追求教育教学过程的最优化和获得最佳的学习效果。

混合学习的基本理念在于：第一，致力于学生的学习和成长。它关注学生学习和实践能力的培养，是学生解决现实问题、获得实践性知识、锻炼实践能力的有效路径。第二，注重创设现实的和虚拟的两种学习环境。针对不同的学习环境，采用不同的学习方式，对所有教与学的要素进行"优化选择和组合"，形成合力，实现教与学效果的最优化。第三，支持协作学习。它鼓励学习者结成学习共同体，通过适当的问题引起学生的思考和讨论，在讨论中加深对所学内容的了解，启发学生自己去发现规律，自己去纠正和补充错误的或片面的认识。第四，教师指导和学生自主建构的统一，既发挥教师引导、启发、监控教学过程的主导作用，又充分体现学习者作为学习主体的主动性、积极性与创造性。第五，以建构主义学习理论、传播理论、协作学习理论、情境认知与学习理论等为理论基础。学习是知识的建构，学习是意义的社会协商，学习是实践的参与，学习者只有通过对自己经验的解释，才能建构自己对真实的理解；学习者只有通过广泛的社会协商，才能创建具有社会意义的新知识；学习者只有浸润于人类文化的脉络之中，才能获得具有完整意义的知识。第六，强调互动。混合学习既注重师生面对面的情感交流，消除在线学习的孤独感，又利用在线学习多种互动方式拓宽互动渠道，提高交互质量。第七，重视反思。反思贯穿混合学习的始终，通过反思不断修正学习方案，最终实现学习目标。第八，注重学生参与评价。混合学习不仅注重教师的指导和反馈，而且重视学生参与评价，激发学生学习的兴趣，帮助学生形成学习动机。

以混合学习理论关照教师教育实践教学，意味着混合式实践教学成为可能。混合式实践教学是指以混合学习理论为指导，以传承实践知识、锻炼实践能力、优化实践策略和生成实践智慧为目标，在面对面和在线的两种学习环境中，设计主题操作活动，进行实训教学的行动模式。混合式实践教学本质上是传统实践教学与现代信息技术的有效整合，既支持学生应用信息技术手段系统、深入的学习理论知识，又强调学生在实践活动中感受、体验、建构知识和运用知识解决现实问题。它是培养学生的自主学习能力、协作学习能力、实践能力和探索创造能力的重要手段，是提高学生综合素质的重要保障和措施，也是当前教育改革的关键之一。

混合式实践教学具有丰富的内涵：第一，混合式实践教学以发挥学生的积极性和主动性为前提。它为学生自主性的充分发展开辟了广阔的空间，学生可以自觉选择学习的目标、主题、策略，自主决定活动方案和活动结果的呈现形式。在活动中，学生始终处于主体地位，自己发现问题、设计方案、收集资料、解决问题，从而获得充分自由的发展。第二，混合式实践教学最重要的特征是实践性，它以学生的现实生活和社会实践为基础，设计主题操作活动，强调学生的亲身经历，在"做""考察""调查""探究""服务"等一系列的活动中发现和解决问题，体验和感受生活，获取实践性知识，形成一定的实践能力。第三，混合式实践教学充分利用面对面和在线两种学习环境的优势，弥补各自的不足，拓展实践教学手段，丰富实践教学资源，形成 1+1 ＞ 2 的教学效果。第四，混合式实践教学从内容、活动方式、活动过程与结果到活动评价等都是开放的，它面向每一个学生的个性发展，尊重每一个学生发展的特殊需要，关注学生在活动过程中所产生的学习体验和个性化的创造性表现，赋予学生综合运用知识、培养创新精神和创造能力的时空，使之能够从社会的、文化的观点出发对现象发表个人的创见，展现个体的智慧，张扬个性。第五，创新性是混合式实践教学的灵魂。创新能力的培养主要通过实践环节来实现，在实践中质疑、探索、求新求变、追求创新。混合式实践教学倡导研究性学习和个性化培养，鼓励学生自主开展综合性、设计性、研究性实验，有利于帮助学生理解、掌握和运用理论知识；有利于学生学会综合调查、分析测试、方案设计、编写报告；有利于学生发展观察思考与创新设计等能力；有利于学生增强社会责任感，增强就业竞争力和社会发展力。

混合式实践教学的优势表现在：首先，拓展实践教学手段，丰富实践教学环境。混合式实践教学试图把现代信息技术与传统实践教学进行有效整合，采取面对面和在线两种形式进行实践教学，学生既可以利用面对面的现实环境进行实践锻炼，又可以利用网络在线学习、查找资料、调研、访谈、展示实践教学过程及成果，实现实践教学资源共享，打破传统实践教学资源瓶颈的限制。其次，提高学生自主学习、协作学习能力，支持学生深度学习。混合式实践教学通过"做中学"，让学生提出问题、分析问题、设计问题解决方案、收集资料、解决问题，突出了学习的主动性、自主性，加强了学生之间的协作，有利于学生深度学习。最后，合理评价实践教学，促进实践教学的可持续性发展。混合式实践教学应用信息技术手段记录、展示实践教学过程及其成果，为合理评价实践教学提供了直接的资料或证据，有助于反思实践教学，发现存在的问题，提出适切性的解决方案，从而不断修正和完善实践教学，促进实践教学的可持续性发展。

二、元认知理论

元认知（Metacognition）是近年来西方心理学和教育学领域提出的一个新概念。元认知研究的开创者弗拉维尔（Flavell）认为："元认知就是个人关于自己的认知过程及结果或其他相关事情的知识，为完成某一具体目标或任务，依据认知对象对认知过程进行主动的监测以及连续的调节和协调。"后来，他对元认知做了更简练的概括："元认知是反映或调节认知活动的任一方面的知识或认知活动。"布朗（Brown）与贝克（Baker）也认为："元认知是个人对认知领域的知识和控制。"元认知包含两方面的内容，一是关于认知的认知，是一个人对于他自己的思维或学习活动的知识，既包含关于静态的认知能力，又包括动态的认知活动等知识；二是对认知的控制与调节，元认知也是一种过程，即对当前认知活动的意识过程、控制与调节过程。因此，元认知实质上是个体以自身认知活动为对象的认知，是对自己认知活动的自我意识、自我体验、自我调节和监控。

从元认知的结构来看，它包含三个要素：第一，元认知知识。元认知知识是指个体具有的关于认知活动的一般性知识，是通过经验积累起来的。元认知知识又可分为关于认知个体的知识、关于认知任务的知识（信息特点）和关于认知策略的知识。第二，元认知体验。元认知体验是指伴随认知活动产生的认知体验和情感体验。如某学生意识到他已经理解并记住了大部分学习内容，从而产生轻松愉悦的心情。第三，元认知监控。元认知监控是元认知的核心，它是指个体在认知活动过程中，能明确活动目标、计划、实施步骤，选择应用策略，预测结果；及时反馈评价活动进行的情况，及时修正调整方法策略或修正目标，评价策略的使用效果以及完成任务程度；活动结束后对结果进行检验，确定进一步的行动方案，或采取相应的改进措施。这三个要素是相互关联的。元认知知识在元认知监控中起导向作用，也是元认知体验的依据；元认知体验在元认知监控中起反馈作用，还可以形成元认知知识，激发认知策略和元认知策略；元认知监控活动又是产生元认知体验和丰富元认知知识的来源。

基于网络日志的师范生自主学习以元认知理论为基础，能使学习者明确知道自己正在干什么、干得怎样、进展如何；能使学习者能随时根据自己对认知活动的认知，不断做出调节、改进和完善，使认知活动能有效地向目标逼近。

第三章　师范生应用网络日志自主学习的整体设计

国学大师章太炎先生有一著名的教育理念：为学最要"眼学"，而非仅仅"耳学"。在章太炎看来，"眼学"才是真正意义上的学习。对于任何知识和问题，只有自己在书中亲自去查阅资料，用眼睛去看，找到根据，才不会出差错。"眼学"是一种实践的学，学习者在实践中建构知识、生成知识；"眼学"是一种自主的学，学习者真正成为学习的主人，主动承担学习的责任，自觉地调控、反思自己的学习过程，改善学习表现。而"耳学"，则是指我们最为常见的用耳朵来听讲这种学习方式。当课堂"讲解"成为传播知识的主要途径时，也就是"耳学"成为我们学习知识的主要途径时，学习变成了接受知识的过程，学习是一种他主学习，或被动性学习。高师教育应重视师范生的"眼学"，鼓励师范生到基础教育的实践一线去学习、参观、考察，在实践中建构知识、生成知识。同时，在网络信息时代，高师教育信息化提倡师范生应用信息手段进行自主学习。我们尝试应用网络日志这一成熟的社会性软件支持师范生在实践中自主学习。而要实现这一设想首先要涉及一个"如何教"的问题，也就是教学模式问题。其次要涉及一个"教什么"的问题，或者说师范生"学什么"的问题，从广义上说，这就是一个课程问题。最后要涉及一个"怎样评"的问题，即学习评价问题。

第一节　师范生应用网络日志自主学习的整体设计理念

一、以学生的学习为本

学习是人类最古老的传统。人生来就是学习者，他们从好奇心极强的学习意识不断增强的婴儿期开始，就能理解和记住数以亿计的无人告知的物体、人物、语言以及怎样做事的详情。人的整个生命活动都是学习，没有任何时间是没有学习的。每一个行动都是学习的活动，每一种关系都是学习。我们习惯于积累知识，并把它叫作学习。知识占据主动地位，采取以教师为中心的方式学习主要的教材内容，学生被动地听课时，学习的效果就越差，这是传统教学最大的局限之一。知识在有限的范围内是必要的，但是这种限制会妨碍我们了解自己。知识在某种程度上是可以度量的，但学习中是没有度量的。知识是记忆，但如果我们观察生活，就会发现真实、现在并不是记忆。在观察中，记忆是没有位置。真实就是正在发生的事情，下一个瞬间就成了可以度量的，这就是记忆的方式。当我们把记忆当成是学习，这造成了一颗有限并因而受到严重制约的心。学习的艺术是给知识适当的位置，娴熟地运用学到的知识，而同时在内心不被这些知识的局限和思想制造的形象、符号所限制。艺术意味着把每件事物放在适当的位置上，当学习材料唤起的不仅仅是人的智力或体力活动还有人的情感时，学习的效果会更好，换言之，持久的学习经历一定是令人激动的，足以让人记住学习材料或能激发人的学习的积极性。学习的艺术就是让学习变得自由和快乐。学习的艺术意味着每一个学习者能够观察自己、认识自己，能够观察周围的世界，认识世界，能够将自我置入与世界的关联中，在相互关系中建构自己的经验和心灵。

教育就是学习。学习是教育的基础，教育是学习的规范和效率的提高。不论从教育的直接目的还是间接目的，不论是从教育教学的过程还是结果，教育都是为了学习者的学习。有效的教是为了不教，是对自身的否定，对学习者的肯定。教学的唯一目的就是为了提高学习效率。如果没有人教，我们一定可以学习；但是如果没有人学习，教学一样可以发生，但显然是浪费了学生的时间和金钱，失去了教的意义。教的最高价值或终极意义在于学习者学会学习、学会生活、学会做事、学会做人。在网络信息社会，教育是主体间的指导学习。它发生在师生主体间的对话交往过程之中，发生在师生共享意义的溪流之中，发生在师生共同建构知识和人生的过程之中。教育既是意义的追寻，需要生命关怀，也是知识的学习，需要技术支持。关乎生命，让学习变得有深度，关乎技术，让学习变得有效率。师范生应用网络日志自主学习不仅仅局限在记录、展示学习过程及成就，更应该通过对自己学习行为的观察、反思了解自己，认识自己，明白自己的学习特点、学习风格，从而更好地去学习。所以说，师范生应用网络日志自主学习的整体设计理念之一在于以师范生的学习为本。

二、实践取向

从 20 世纪 70 年代开始，世界各国教师教育的理论与实践都发生了深刻的变革，教师教育的理念根基已从关注"理论"转向了关注"实践"。实践取向的教师教育重视获得实践性知识。"实践性知识是教师内心真正信奉的、在日常工作中实际使用的理论，支配着教师的思想和行为，体现在教师的教育教学行动中的知识"。艾尔巴兹第一个提出"教师实践性知识"。他认为教师确实拥有一种特别的知识，它通过实践行为以及对这些行为的反思来表达，这种知识难以编码，是经验性、内隐的，它源于对实践情景的洞见。教师的实践性知识包括：教育信念，即积淀于教师个人心智中的价值观念，涉及对诸如"教育的目的是什么？""什么是'好'的教育？"等问题的理解；自我知识，即自我概念、自我评估、自我教学效能感、对自我调节的认识等；人际知识，即对学生的感知和了解、热情、激情；情境知识，即对情境判断并做出恰当选择；策略性知识，即教师对学科内容、学科教学法、教育学理论的理解、把握，方法的选择等；批判反思知识，即有关反思的时机与类型以及反思能力发展的知识。对师范生从哪里获得实践性知识，阿吉里斯与舍恩认为，基础理论与实践能力的相关是以实践理论为中介的，……我们不能只依靠基础理论本身推出应用理论。但他们指出，实践在教学生如何专业地思考的过程中发挥着重要的作用。也就是说，理论不能直接转化为实践性知识，我们只能从实践中获得实践性知识。艾尔巴兹认为只要个体能够在实践过程中对理论知识获得个体的意义，并指导实践，就可以称之为实践性知识了。综合上述意见，我们认为教师实践性知识一方面源于教师对教育实践经验的审查与反思，另一方面源于教师基于实践背景重新解读和反思教育理论，最终形成在专业领域能够有效发挥作用的实践性知识。两种来源均表明：实践与反思是获得教师实践性知识的必要条件。蔡克纳指出，反思和经验有着直接的关联，若是教育课程没有提供给学生丰富的经验，学生拿什么去反思呢？反思也是要教和示范的，要有详尽的时间安排和计划给学生去反思。如分段反思。教师以问卷的形式请师范生回答：你目前对教学的理解是怎样的？你的下一阶段目标是什么？对于师范生的思考，教师教育工作者要给予及时和详细的反馈。反思的方法可以多种多样：自传研究、小组讨论、教学生活日记等。费曼南瑟将教师专业学习和发展分为职前教育、入职引导和专业发展三个阶段。高师教育阶段是为今后教师工作和持续学习打下良好基础的阶段，在这一阶段师范生要检视自己有关教育教学的认识，开始系统地学习学科知识、了解学生，最重要的是入手积累教学资源和策略，养成探究反思的习惯。大学课程应为教师今后的学习和思考提供清晰的理论框架；帮助学生建构有个人意义的对教育教学的理解；培养学生倾向于去反思的态度和习惯。2011 年 10 月，我国新的教师教育课程标准明确提出"实践取向"的课程理念，强调"高师教育应强化实践意识，关注现实问题，体现教育改革与发展对教师的新要求"。

不论从国外学者的研究，还是从我国新的教师教育课程标准来看，培养合格的师范生，重视实践教学是必由之路。因此，整体设计力图突出师范生的亲力亲为，注重实践取向。

三、高师教育信息化

信息技术在人类社会的广泛应用，不仅改变着人们的工作方式和生活方式，也改变着教育方式和学习方式，以教育信息化带动教育现代化是教育事业实现新的跨越式发展的关键因素。美国是教育最为发达的国家之一，也是信息化教育应用开展最早的国家。针对高师教育信息化，它的做法主要体现在四个方面：发展面向信息化的教师专业技能认证，开展基于信息技术教学应用的教师培训项目，革新传统的教育技术课程内容，建立促进职前教师技术实践的多方合作。这些成功的经验值得借鉴。

信息化为教师终身学习和职业发展创造了有利条件，插上了腾飞的翅膀，为大规模、高水平、高效益地开展教师的全员培训提供了现实可能。教师教育应当抓住这一契机，率先推进信息化进程，实现跨越式发展，在教师继续教育中充分运用现代远程教育手段，打破时空阻隔，沟通各种教育形式，共享优质资源，大规模、高质量、高效益地培养培训教师。我国电化教育的开拓者与奠基人南国农先生指出，所谓教育信息化，是指在教育中普遍运用现代信息技术，开发教育资源，优化教育过程，以培养和提高学生的信息素养，促进教育现代化的过程。教育信息化是实现信息技术与教育整合的过程。著名学者祝智庭教授也指出，教育信息化是指在教育领域全面深入地运用现代化信息技术来促进教育改革和教育发展的过程，其结果必然是形成一种全新的教育形态——信息化教育。联合国教科文组织教育信息化的过程分为四个阶段：起步、应用、融合、创新。本研究的整体设计理念之一在于高师教育信息化，首先是要应用网络日志这一信息手段进行信息化教育，探索其应用的效果。同时，鼓励学生利用网络课程自主学习，探索面对面课程与在线课程的有效整合，提高学生的学习效果。还有，利用网络日志进行学习性评价，促进学生深度学习。

第二节　基于网络日志的混合式教学模式设计

在网络信息时代这一崭新的社会背景下，互联网不仅提供了几近无限的知识来源，而且加速了知识的创生进程，知识爆炸和迅速更新换代成为常态，无疑使师范生不能再将教材和教师看作是获取知识的唯一渠道。作为网络信息社会的教师，不应该仅满足于向学生传授知识，更重要的是培养学生主动学习能力、选择和处理信息能力、决策能力、问题解决能力、批判性反思和创造性思维能力、学习评价能力，这也正是网络信息时代对人才的素质要求。然而，传统的教师教育仅仅注重知识的传授，缺乏对学生自主学习和深度学习的关注，这显然不能满足社会对高素质、高水平人才的要求。借助网络信息技术飞速发展的契机，充分利用信息技术，高师教育应从关注教，走向关注学，构建网络信息时代新的教学模式，培养网络信息时代所需要的人才。在新模式下，教师角色定位应从"主讲者""传播者""权威者"转变为师范生学习活动的指导者、帮助者与合作者。师范生也应从消极的被动接受者，转变为积极参与教学、掌握知识、解决问题、反思实践的自主学习者。通过自主学习，让师范生学会学习、学会反思、学会创造，具备自我获取知识与更新知识的能力，提高发现问题、解决问题的能力，确保有较高的学习质量与学习效率。

知识时代是一个正在形成和发展的社会形态，它具有一系列新的特征。作为知识时代的教师，应该不仅教给学生知识，更重要的是培养学生问题求解、决策、批判性思维和创新性思维等能力，这也正是知识时代对人才的素质要求。然而，传统的教学模式已经无法满足社会对人才的要求，而且信息技术的飞速发展及其在教学中的有效应用也为新型教学模式的构建创造了良好的契机。2015 年 3 月，政府工作报告中首次提出"互联网＋"行动计划，7 月国务院颁布了《关于积极推进"互联网＋"行动的指导意见》，自此"互联网＋"成为国家发展战略。移动互联网、云计算、物联网、大数据等新一代信息技术推动了教育改革和发展，泛在化的学习时空、智能化的教学管理、个性化的学习方式、体验化的学习环境、MOOC、微课、公开课等开放共享的教育资源与技术服务正在变革传统教育。"互联网＋"教育初现端倪，在线教育与传统教育形成了新的二元结构。而对二元关系的认知却常常停留在非此即彼的对立，要么颠覆传统，要么裹足不前。事实上，对立的外在往往蕴含了彼此互联互通、内在的统一。"互联网 +"教育其外在特征是在线教育与传统教育的混合，其内在本质则是两者的深度融合。它是学习目标、学习方式、学习资源、学习环境等的混合，是两种不同学习范式的互联互通、内在的统一，而不是简单的迁移。"互联网 +"教育新理念只有落实在具体的课堂教学实践中，探索研究新型教学模式，方能提高教育教学质量。所以，我们必须充分利用信息技术，通过新型教学模式的构建与实施，培养知识时代所需要的人才。网络日志是随着教育信息化的发展而产生的一种新事物，它强调在信息技术环境下，学习者自己完成对学习的评估、反思和知识的管理过程，这一方面提高了学习者的学习积极性，另一方面促进了学习者之间的交流，从而促进了学习者的学习。然而，我国目前对网络日志的应用仅仅处于一种"使用"阶段，往往只把它作为一种评估的手段和工具，并未真正地融入教师的教学和学生的学习，成为一种新型的学习工具和支持环境。那么，如何把网络日志有效地应用于教师教育课程教学和学习过程当中，形成可供高师教育的新型教学模式，便成为一个亟待解决的问题。

一、基于网络日志的混合式教学模式分析

按照《现代汉语词典》（第七版）的解释，模式是指某种事物的标准形式或使人可以照着做的标准样式。1972 年，美国学者乔伊斯和威尔认为，教学模式是构成课程（长时的学习课程）、选择教材、指导在教室和其他环境中教学活动的一种计划或范型。[①] 我国学者冯秀琪认为，教学模式是教学的标准形式，它是教学思想、教学原理、教学方法、教学形式等诸因素的高度概括，是从整体上思考教学过程的一种工具和方法。它所提供的是和教学理论联系的教学技能，具有典型性、可学性和较强的理论功

---

① 乔伊斯，威尔 . 教学模式（第 7 版）[M]. 北京：中国轻工业出版社，2009.

能和实践功能。① 借鉴专家的定义，笔者认为，基于网络日志的教学模式是以建构主义理论为指导，以理论学习、视频案例、同伴教学及网络日志为基本模块，以师范生自主学习为中心，以培养师范生的自主学习能力和良好的教学素养为目标的教学形式。它有四个基本要义：一是以建构主义教学理论为基础，强调教学不仅仅是传递知识，而是创设一定环境和支持，促进学习者主动建构知识的意义；二是以师范生的自主学习为中心，充分发挥师范生学习的自主性、能动性和创造性，培养师范生的自主学习能力；三是强调理论学习和实践应用的结合，突出师范生把理论知识应用于实践，以获得教学的实践性知识；四是依据同伴教学和网络日志进行学习性评价，促进师范生养成良好的教学素养。

基于网络日志的混合式教学模式每一基本模块都有特定的目标导向。理论学习模块以促进师范生系统掌握教师教育课程的基本理论知识为目标导向；视频案例模块以借鉴国内外优秀教师的成功经验为目标导向；同伴教学模块以锻炼师范生走上讲台，提高教学素养为目标导向；网络日志模块以记录、展示和反思师范生学习的过程和成就，提高师范生自主学习能力为目标导向。每一基本模块特定的目标导向共同为培养师范生的自主学习能力，形成良好的教学素养服务。

基于网络日志的混合式教学模式的主要特点有以下方面。

第一，自主性。培养师范生自主学习能力，突出学生的自主学习和协作学习是这种教学模式的核心。师范生在教师的指导下自主制定学习目标、选择学习方法、监管学习过程、自我反思和评价学习成就，同时要求师范生积极参与课堂讨论，为同伴提供教学服务，所有这些活动都要求师范生发挥自己的积极性、能动性和创造性为基础。

第二，实践性。培养高素质的未来教师需要学科知识、教育知识、教育技能和教师职业道德等诸方面的有机统一，沟通这几个方面联系的桥

①　冯秀琪. 构建教学模式的原则与内容 [J]. 中国电化教育，1998（4）：9-11.

梁就是实践。基于网络日志的混合式教学模式另一个重要的特征是实践性，它是以学生的现实需要和中小学教育实践为基础开发的教学模式，以"活动"为主要形式，强调学生的亲身经历，在"做""考察""调查""探究""服务"等一系列的活动中帮助学生获得教育教学的实践性知识。

第三，混合性。教学过程是教师的指导与师范生自主学习的混合；课程设计是面对面课程与在线课程的混合；教学方法是讲授法、观察法、讨论法和实践锻炼法的混合；教学评价是过程性评价和结果性评价的混合。

第四，开放性。这种模式充分利用在线课程资源，打破了面对面课程资源瓶颈的限制，为师范生提供了丰富的学习资源；另外，网络日志也为师范生提供了一个展示自我、自由讨论和自我反思的开放性空间。

第五，反思性。反思实践是基于网络日志的教学模式的重要特点。诚如考尔德希德所言，"成功的有效率的教师倾向于主动地创造性地反思他们事业中的重要事情，包括他们的教育目的、课堂情境，以及他们的职业能力"，"反思被广泛地看作教师职业发展的决定性因素"。对教师而言，它要求教师反思自己的角色定位——从课程的讲授者、呈现者转变成师范生学习的指导者与帮助者；反思教学过程，改进教学方式；反思如何有效提高师范生自主学习的能力，让师范生学会学习。对师范生而言，它要求师范生真正成为自主学习的主人，主动反思学习责任、学习过程、学习效果，并根据反思调整学习计划。

二、基于网络日志的混合式教学模式与自主学习

基于网络日志的混合式教学模式相较于传统的教学模式具有一定的优势。

第一，促进师范生自主学习。这种教学模式对学生而言，它是一种面向过程的自主性学习。在整个学习过程中，师范生通过理论学习、视频案例、同伴教学及网络日志的叙事反思，学会确定学习目标，制订学习计

划，选择适合自己的学习方法，科学评价和反思学习效果，从而更好地把自己的学习兴趣和未来的职业趋向联系起来，真正体现了现代教学理念的核心价值：教育要以学习者为中心，以学习者多元智力发展为最终目标。

第二，培养师范生的教学素养。师范性是高等师范院校发展的特色之源，培养高素质的未来教师是高等师范院校最重要的使命。网络日志借助信息技术手段，以数字化的形式记录、展示师范生的学习过程及成就，好比师范生运用信息技术提高教学技能的试验田，毫无疑问有助于学生掌握和运用现代信息技术，从而提升师范生的信息素养。视频案例为师范生借鉴优秀教师的成功经验提供了便利。同伴教学为师范生走上讲台锻炼教学技能提供了机会，并成为同伴深度学习的资源。学生扮演教师的角色对其成长是有益的。同伴教学能激发学生的学习动机，明确学习责任；帮助学生更深层次理解课程内容，更留心同伴提出的各种观点；促进学生反思自己的思维方式和学习方式，确立恰当的学习目标，选择适合的学习策略；[1] 帮助学生了解教学的基本环节、基本技能要求，养成良好的教学素养。

第三，加强师生互动。师生互动的质量和及时性是影响课堂教学效果的重要因素之一。基于网络日志的教学模式不仅重视面对面的情感交流，而且重视在线讨论，采用两种互动的方式，满足了不同个性学生的需要，具有加强和深化师生互动的巨大潜力。始于课堂的情感交流在在线讨论中得以延续，在线讨论又对课堂的情感交流产生影响，两者形成良性循环，促进师生持续互动。

第四，进行学习性评价。评价的最主要的意图不是为了证明，而是为了改正。同伴教学、网络日志等活动不仅是一种学习活动，而且是一种

① YAEL K, RACHEL L, YEHUDIT D. The role of design-principles in designing courses that promote collaborative learning in higher-education [J].Computers in Human Behavior, 2009, 25（5）: 1067-1078.

学习性评价活动。它们可以记载学生成长过程中一个个具体、生动的"故事"，因而成为评价学生成绩、进步、努力、反省与改进的理想方式。在这种评价框架中，评价从多种渠道收集学生学习情况的信息，为描述每个学生学习情况的剖面图提供了详细而真实的资料。同伴教学、网络日志的评估其实质是为了促进每一位学生的学习，是一种学习性评价。

三、基于网络日志的混合式教学模式的设计原则

基于网络日志的混合式教学模式设计应遵循个性化学习、游戏化学习和大数据分析的基本要求。

（一）个性化学习

这条原则要求以学习者为中心，根据学习者的个性特点和独特的需求采取适合的策略、方法、资源、评估及管理，帮助学习者达成学习目标，进而促进学习者个体发展。现代教育是工业化革命大规模培养劳动力的产物：班级授课制注重学生在同一时间使用同样的教材，做同样的习题集，完成同样的学习。这种"一刀切"的做法，体现的是工厂模式的教育，不能称之为个性化学习。"互联网＋"时代混合式教学模式的实践应用，为学习者的个性化学习提供了可能，打破了班级授课制同一时间、同样的路径和进度讲授同样的科目，学习者可以根据自己独特的需求，自由选择匹配学习资源，按照自己的能力、方式、节奏和进度进行学习。课程是一所学校的财富，但是给予学习者财富的方式并非统一分配。正如美国经济学家 Tyler Cowen 宣称："我们现在拥有根据个人喜好和需求定制事物的技术，不再需要服从过去的同质性了。"混合式教学模式要有助于学习者的自主学习，关键是要对知识的传递进行个性化的处理，给足学习者自主学习的选择权和支配权，充分发挥其独立性和主动性。

（二）游戏化学习

这条原则要求用游戏的思维和机制吸引学习者，鼓励学习行为，促进学习和解决问题。游戏是一个系统，玩家们在其中执着于抽象的任务，任务由规则、互动和反馈界定，产生量化的结果，并经常伴有情绪的反应。游戏包含目标、规则、关卡、反馈、奖励等元素。游戏化是游戏的思维和机制吸引受众和解决问题的过程。在虚拟的世界里，游戏化元素至关重要。Jane Mc Gonagall 在《游戏改变世界》的著作中提道："全人类在电子游戏里寻找着共同的意义、未来的图景。"现代青少年从一出生就处于数字时代，作为数字时代的原居民，他们从小通过手机、电视、网络等媒体接触到游戏，游戏成为其生活中的一个部分。现代教育应充分利用这一特点，适应当代学习者的需要，引入游戏的思维和机制，增添教育的活力，促进学习者自主学习。因为游戏化的基础很大程度上源于教育心理学，或被设计师、教师在教学过程中增加一个兴趣层，另辟蹊径在迷人的游戏空间编制学习的彩线，为学习活动奖励积分、提供纠错反馈、鼓励项目协作。Luis de-Marcos 等通过实践证明，在线学习使用游戏化的方式能够提高教学效果。Sitzmann 通过教学仿真游戏的元分析发现，相对于传统教学对照组的学员，接受仿真游戏的学员对所学知识内容和应用所学（自我效能感）的信心平均高出 20%；在学习有效性方面，陈述性知识高出 11%，过程性知识高出 14%，记忆高出 9%。游戏化学习强调利用游戏的元素、思维和机制在课程与教学中嵌入游戏，使之切合学习目标和学习内容，提高学习者的学习兴趣，激发学习的渴望，培养探索问题解决的好奇心，鼓励思考，增加信心，自主寻找解决问题的途径和方法。

（三）大数据分析

这条原则要求用大数据技术，收集混合式教学的行为数据，通过数据处理、统计分析、数据挖掘等，优化混合式教学策略，满足个性化学习需求，提高学习质量服务。大数据是需要新处理模式才能具有更强的决策力、洞察发现力和流程优化能力的海量、高增长率和多样化的信息资产。大数据与传统数据相比，有非结构化、分布式、数据量巨大、用户数据分析、可视化展现等特点，这些特点正好适应了个性化学习。多年来，教育决策大多数都是依靠经验或常识做出的，在缺乏真实数据支撑的基础上，很有可能发生偏差和失误。大数据正在进入教育的方方面面，并将对教与学产生深远的影响。与大数据同行的学习就是教育改革和发展的方向。美国哥伦比亚大学教授 Duncan Watts 认为，有关人们行为和喜好的丰沛数据正在改变着社会科学，使社会科学从数据最贫瘠的领域转变为数据最丰富的领域。"互联网＋"视域下混合式教学在线学习形成的海量数据，通过挖掘其中隐藏的有效信息，利用学习分析技术，对学习者学习活动进行分析和建模，对学习结果进行分析，发现学习者潜在的问题，足以对知识和技能的学习行为形成更加准确的分析和预测。这为教师对学习者的学习行为进行判断和制定教学决策提供了数据支撑。教师可以据此调整教学策略，在课堂教学中采用基于证据的教学，针对学习者的个体差异实施个性化教学。正如可汗学院的学习分析系统收集有关学生学习行为的数据，并从中获取有效的信息，了解学生是如何学习的，从而做到"一个尺寸适合一个人"的个性化教育。如果说 10 分钟的视频课程是可汗学院的心脏，那么时刻在后台运行的数据分析就是它的大脑。

四、基于网络日志的混合式教学模式设计与实践反馈

基于网络日志的混合式教学模式设计以理论学习和实践应用相结合，突出师范生自主选择学习内容、学习方式，自主确定学习成果的呈现方式，组织师范生有效开展协同学习，充分利用师范生各阶段的学习成果，

使其成为同伴深度学习的学习资源为指导思想。① 具体的设计包括以下方面。

（一）理论学习模块的设计

理论学习模块是基础环节。理论学习强调师范生掌握教师教育课程的基本理论知识，为师范生的教育实践奠定基础。理论学习模块在课程设计上注重面对面课程和在线课程的整合，面对面课程以教师教育课程的基本理论知识为脉络，以主题方式呈现，具体可分为一个一个的小问题，通过问题的分析和讨论帮助学生掌握理论知识；在线课程以"课题"方式呈现，通过学生对课题的研究、论证、课题作品的展示、交流和反思，帮助学生获得实践性知识。在教学方法设计上以讲授法、讨论法和实践锻炼法为主。理论学习模块为其他模块的顺利开展奠定基础。

（二）视频案例模块的设计

视频案例模块是辅助环节。相关研究表明：人类获取的信息83%来自视觉，11%来自听觉，两项相加占94%，可见视听材料对于师范生的学习是多么的重要，通过视听材料获取并思考、模拟、实践是理论性知识和实践性知识保留率最高的方法，因此为了培养师范生在课堂教学情境中的临床能力，应尽量提供面对"真实情境"的"思考和实践"的学习历程。视频案例教学就是这种学习过程的最佳选择之一。Wassermann 呼吁在师范教育课程中加入真实情境的案例（case），以强化职前教师的反思、问题解决的专业技能。教学视频能让师范生在不亲临现场就能了解中小学真实的课堂教学情境，对教师的教学实践行为进行"解读"。这种"解读"

---

① 张秋玲，闫苹. 后殖民批判教学法视野中的教师角色分析：以高中语文选修课教师为个案 [J]. 教师教育研究，2009，21（6）：34-40.

不是对教师行为的表层模仿，而是促进对教学实践的理解和反思。[①] 但是我国当前教师教育比较缺乏这样的一个环节，而师范生对这一模块却是极为欢迎的。视频案例教学的设计应中心思想明确，主题突出，整个案例发展过程围绕教师教育课程主题的实际需要，体现课程主题教学目标。选择具有典型性和示范性的国内外中小学优秀教师的示范课作为案例，为学生直观感受中小学课堂以及借鉴优秀教师的成功经验奠定基础。视频案例教学的长度控制在 15 分钟左右，时间过长学习者会感到厌烦而丧失对视频案例进行观察和学习的兴趣。在观摩视频案例之前，教师针对视频内容提出 1～2 个有启发性的问题，引导学生观看教学视频，经过案例的观看后，学生会获得案例中教师的教学过程、教学策略、教学方法、板书设计、教学组织等一系列教学问题的见解，然后组织学生进行小组讨论，鼓励每位同学从不同的角度发表见解、形成认知冲突，通过师生互动加深学生对知识的理解。

（三）同伴教学模块的设计

同伴教学模块是深度拓展环节。学生是学习的首要来源和资源，教师要善于指导学生开发自身及身边的资源。同伴教学（Peer Tutoring 或 Peer Teaching）是指一位有能力的学生在接受一定培训后，在教师的指导下为同伴提供教学服务。大量研究表明，同伴教学的效果比教师的教学效果更好。其主要原因在于，同伴之间思维方式基本相同，语言风格类似，彼此之间容易交流和沟通，它不仅能促进学生的情感和社会性的发展，也能增进学生之间的友谊，培养了良好的学习习惯和学习气氛，同时教师也节省了许多时间和精力，能更有效地从事自己的教学工作；由于同伴之间处于同一年龄段，知识储备大体相近，更能了解学习中的困难所在，因此能有的放矢地进行教学，从而提高学习效率；同伴教学以学生为中心，教

---

① 齐振国.基于视频案例的教学研究 [J].中国电化教育，2009（6）：85-88.

师是学生学习的引导者和帮助者，同伴教学是在一种友好而平等的气氛中进行，学生在没有压迫感的氛围中学习，每一个学生都是学习的主动建构者、反思者，学习者因没有压抑感而更能表现出积极的学习态度。此外，还有一些研究表明：除了学习者能在同伴教学中获得益处外，教学者通过从教中学（Learning by teaching），自身的学习水平和能力会有所提高，其自信心和情感也有良好的发展。[①]通过同伴教学，不仅增强了师范生的教育教学经验，而且提高了教育教学能力；不仅培养了师范生的合作精神，而且也为同伴深度学习提供了宝贵的资源。同伴教学的设计以中小学各学科或同学们感兴趣的话题为内容，选择一个小问题进行教学实习。同伴教学的时间一般控制在 15 分钟左右，一节课安排两位同学讲课，学生讲课完成之后，教师组织同学进行现场讨论，分析同伴教学的得与失，深化教育教学的认识和实践，帮助学生获得教育教学的实践性知识。

（四）网络日志模块的设计

网络日志模块是记录、展示、总结和反思环节。网络日志分为两个部分：教师网络日志和学生网络日志。教师网络日志包含的内容有：教学要求及安排、在线课程、教学视频案例、学习资源链接、评价标准及方式、教学反思等；学生网络日志包含的内容有：同伴教学的材料（包括教学课件、照片、视频等）、对教师系统理论学习的建议、对教学视频观摩的感想、对自己和同伴教学的反思、学习的成果等。网络日志作为师生记录、展示教和学的过程及成果、反思教和学的效果、加强师生互动的舞台，为优化教学、鉴定学生成绩、明确学生未来的学习目标提供指南。

---

① WHELDALL K，BEAMAN R. Using peer-tutor to increase individual instruction [J].Education today，2000，49：9-14.

（五）教学程序

混合式教学模式的操作程序分为定向、学习环境创设、在线学习、课堂教学、反馈评价五步。在定向阶段，师生共同确定最基本、关键的教学目标，让学习者知道学习什么、怎样学习、达到什么程度等，为混合式教学定向。这一阶段对学习者树立混合式学习的自信心及形成良好的学习动机至关重要。在学习环境创设阶段，分别创设在线教学与课堂教学环境。在线教学环境主要是创设学习支持服务系统，帮助学习者有效解决学习过程中遇到的各种疑难或问题，为学习者自主学习清除障碍。课堂教学环境主要是创设面对面交流的良好氛围，为师生之间、学习者之间开展讨论、进行合作学习创造条件。这一阶段为后续阶段的学习和评价奠定基础。在在线学习阶段，教师既可以利用慕课、微课、公开课等优质资源，也可以利用 SPOC 平台创建具有教师个人特色或风格的在线教学资源。学习者则主要利用在线教学资源平台进行自主学习。在课堂教学阶段，侧重于对课程重难点知识的讲解和师生之间的沟通互动。教师根据教学重难点、学习者在线测评反馈等安排课堂教学内容，对学习者进行答疑解惑。除此之外，教师还需重视对学习者的学习方法进行点拨。课堂讨论注重培养学习者的发散思维，帮助学习者养成从全方位、多角度思考问题的习惯。讨论交流的方式是多种多样的，可以是学习者之间的讨论，可以是小组讨论，可以是小组之间讨论，还可以是师生之间的讨论。在反馈评价阶段，教师依据学习者在线学习行为、学习过程的监控与管理等数据信息，发现学习者学习过程中存在的问题，及时有效地给予指导和帮助。

（六）实践反馈

基于网络日志的混合式教学模式应用于教师教育课程实践中受到了学生的欢迎，下面是部分同学的反馈。

老师的这种教学模式很好，自主学习和探索学习，考前也不用突击，功夫在平时。很好，我们与新的课堂教学模式一起快乐成长！

老师的这种教学法，不仅可以激发学生未挖掘出的潜质，也使学生特有的品质、特长、兴趣爱好在课堂上得以展示，让学生彼此之间有了更进一步的了解，有利于形成良好的班风。虽说此课程刚开始得不到学生的认可，一旦学生认可之后，都会积极地参与并在参与的过程发现问题，解决问题。这种方法很好——我们大家一起加油。

这学期的教学模式，我们确实学到了不少东西，同学能够认真地选课，积极主动的参与，大家互相学习借鉴，对老师和同学来说都是一种收获，希望老师的这种教学模式越来越好！

老师您的教学方法让我们敢于大胆去尝试，虽然实现完全自主学习还有很大距离，但是真的很奏效，对我们未来走上讲台进行教学很有锻炼和准备意义。我们都需要进一步努力！共同加油！

从同学们的反馈中，可以看出这种教学模式对师范生自主学习的积极性、课堂教学实践性知识的获得和进行学习性评价等方面确实起到了一定的教学效果，受到了学生的欢迎，值得进行深入的实践和研究。

五、基于网络日志的混合式教学模式实施注意事项

基于网络日志的混合式教学模式相较于传统的教学模式具有一定的优势，但它的实施过程较为复杂，是一件费时费力的工作，尤其对于初次实施的教师来说是一件辛苦的工作，需要建设混合式教学文化、形成SMART行动纲领、构建模块化的学习主题、设计学习支持系统、开展基于大数据分析的学习性评价。

（一）建设混合式教学文化

文化是一种向着共同目标而一起工作的方式。教学文化是教学生活过程及与之有机成为一体的教学生态环境的整体。"混合式学习能够促进积极文化的发展并且让它变得更好，但它同样会造成一种不好的文化，同

样会让其变得更糟糕"。由于混合式教学赋予学习者更多的自主性和灵活性，即使设计好了混合式教学模式的方方面面，如果没有创建强有力的混合式学习文化规范，并保障其运行流畅，混合式教学将会很快流于形式。所以文化对混合式教学起着特别重要的作用，它是混合式教学项目成功的关键。首先，培育混合式教学团队。混合式教学需要教学团队成员的精诚合作。教师应自愿加入教学团队，团队带头人集中团队的智慧，讨论、探索混合式教学中的各种问题，创新教学理念，达成教学共识。其次，提升学习者的混合式学习文化。混合式学习文化的形成非一朝一夕之功，而是需要一个长期的积累和沉淀。教师可以先提出一个经常出现的问题或任务，然后再指定一个学习小组来探索如何解决这一问题。如果学习小组没有解决问题，要求他们以不同的方式进行尝试，直到问题解决。如果成功解决问题，要求学习小组记录、探讨、沟通解决方式，直至它被深深植根于组织文化之中，以后碰到类似的问题，能够贯彻执行行事方式。

教师是基于网络日志的混合式教学模式的指导者，教师角色的转换、教师准备是否充分，直接影响教学能否顺利进行。这种教学模式需要教师转变传统的角色定位，从对教材的"专家式读者"和"权威性解读"的角色转向课程教学的设计者、学生自主学习的指导者和参与者、教学情境的创设者、课程资源的开发者。同时，还需要教师提前3～6个月进行准备。在准备期间，教师对整个教学过程进行详细的设计、准备理论学习材料、教学视频片段并提出引导学生观摩的问题、考虑对缺乏信息技术的学生提供帮助并形成帮助指南以及制定对学生考评的标准。

学生能否积极参与其中，是影响这种教学模式的关键性因素之一。因此，教师需采用各种可行的方式调动学生的积极性。首先，教师在开课之初就清楚地规定课程任务，反复地解释对学生的期望以及如何对他们进行考核；其次，教师建立自己的网络日志，为学生树立借鉴的榜样，提高学生建立网络日志的积极性；最后，在实施过程中，对学生的建议和看法及时给予反馈，加强师生互动。

（二）形成 SMART 行动纲领

要使混合式教学提高学习者的学习效果，必须确定解决的问题或要达到的目标。这是混合式教学的行动纲领，以问题或者目标为导向的混合式教学设计有助于避开"为技术而追求技术"的陷阱。问题或者目标必须立足于改进教学效果之中，即提高学习者的学习成绩或增加学习机会，以较少的投入获得较高的产出，或者提升教师的工作能力。如何设计混合式教学目标？根据 SMART 目标创始人 George Duran 的建议，混合式教学目标设计应遵循以下原则。

（1）具体的（specific）：它能提高学习者的学习成绩或者学习效果吗？

（2）可衡量的（measurable）：它是否能够量化或者有指标体系反映其实现程度吗？

（3）可分解的（assignable）：谁应该为混合式教学任务负责？

（4）可实现的（realistic）：如果混合式教学有效实施，确实可以达到教学目标吗？

（5）有时限的（time-related）：教学目标何时能够实现？

（三）构建模块化的学习主题

混合式学习的主题至关重要，它控制和引导着学习者的学习活动。在"互联网＋"时代，学习者的个性日益彰显，学习风格的差异愈发显著，学习需求呈现出多元化、个性化的特点。模块化学习主题正是基于学习者个性发展的多样化需求，为具有不同学习风格和发展潜能的学习者设置差异化学习主题线索和学习领域。模块化学习主题突破了传统课程互依性的结构，学习者可以按照自己的顺序进行内容组合，以自己智能类型和特点相匹配的方式和节奏进行学习。模块化的课程结构在最大限度上保证学习的灵活性，学习者对课程模块的灵活调度和重组，为实现学习的个性化定制奠定了基础。那么，该如何构建模块化的学习主题？首先，确定模块化学习主题总体设计。确定某一门课程学习的整体目标，对相应的主题学习活动顺序做出安排，提供学习支持的策略。在总体设计的整个环节中，学习主题设计者需不断反思哪些主题适合于在线学习，哪些主题适合于课堂教学。其次，模块化学习主题的具体设计。模块化学习主题具体设计需关联某一学科具体的章节内容，分别设计基础模块、提高模块与应用模块，并且注重每个模块之间有效衔接，从而满足学习者个性化学习的需求。

（四）设计学习支持系统

混合式教学能否成功实施，不仅取决于文化、目标、主题，而且还取决于学习者在学习过程中能否得到有效的支持。在混合式学习过程中，学习者难免会遇到这样或那样的问题，这些问题如果得不到及时的反馈和解决，势必会影响到混合式教学的顺利展开。学习支持系统是为解决学习者遇到的各种问题，提供支持服务的元素组成的有机整体。它包含五个子系统：学习引导系统、学习资源系统、学习互动系统、学习评测系统和学习管理系统。学习引导系统主要为学习者提供学习指南和各种自主学习策略。学习资源系统主要为学习者提供各种学习资源（视频、课件、常见问题、试题、案例、素材、文献资料等），满足学习者自主学习的需要。学习互动系统主要为学习者提供在线互动、在线答疑，及时了解和反馈学习者的学习情况。学习评测系统主要为学习者提供在线自测，及时了解学习者的学习效果。学习管理系统主要是记录学习者的学习行为，收集学习者的学习数据，为学习者改善学习提供证据。

（五）开展基于大数据分析的学习性评价

混合式教学评价是指依据教学目标制定评价指标体系，运用合理、有效的技术手段，对混合式学习的学习行为和表现进行价值判断的过程。它不仅关注学习者对知识和技能的掌握，而且更重视学习者提出问题、分析问题、解决问题的过程，关注学习者在知识迁移、情感、价值观等方面的改变。在混合式教学评价中，一方面收集学习者在线学习的持续时间、学习进度、在线测试、资源利用率等方面的数据，另一方面记录学习者线下学习的出勤率、互动情况、小论文、小组汇报等方面的数据。基于这两方面的数据综合判断学习者的学习情况，并以此为基础，为学习者改善学习，促进其个性化学习服务。正如美国著名财经杂志《福布斯》中提到，每天基于平台收集到的大量数据通过自适应能够帮助教育者为学习者打造个性化的学习。

基于网络日志的混合式教学模式需要定期检查、评估学生的网络日志。一般来说，学生在教师的明确要求下，都能建立网络日志，但有些同学内容较少，或者交流互动处于浅表层面，导致不能达到预定的教学目标。鉴于此，需要教师对学生的网络日志进行定期的检查，要求学生相互发表评论，教师及时给予适当的反馈，促进网络日志的互动与及时更新。另外，整个课程评价要渗透到学生日常的学习过程中，定期进行评估。期末考试以开放性题型为主，并且学生的总成绩以平时成绩为主，期末考试成绩为辅。这样更突出对学生的日常评估，督促学生自主学习，有效防止学生考试作弊。

基于网络日志的混合式教学模式离不开一定的教学物质保障。首先，课堂教学需要多媒体教室，为教师理论学习和教学视频观摩提供方便。其次，学校计算机房能为学生上网提供条件，以保障学生网络日志的创建和维护。最后，需要一定的数码设备对同伴教学进行摄像，为网络日志提供视频材料。

在教育信息化已纳入国家信息化发展整体战略的背景下，基于网络日志的混合式教学模式对于促进师范生自主学习、教育教学实践性知识的获得具有重要意义，也为我国教师教育课程教学的改革提供了一个新的视角。

第三节　混合课程设计

在网络信息社会，网络作为知识传递的主流媒介，在线课程（网络课程）正在逐步壮大起来，不仅受到学习者的欢迎，而且成为学习者自主学习的重要资源。我国有代表性的在线课程是国家级、省级、校级三级精品课程体系。但是，在线课程缺乏面对面的情感交流，学习者容易产生孤独感，面对面课程也是不可或缺的。因此，如何有效整合两种课程——混合课程开发，发挥各自的优势，弥补各自的不足显得尤为重要。

一、课程内涵的演变

课程（curriculum）是个拉丁词汇，从文字上看，它意指"跑道"或在跑道上奔跑的四轮马车。它的词源"Currere"，指在跑道上奔跑，它的形容词形式 Curricure，指"有关驾驶的，或有关马车的"。课程这个词在西方教育文献中最早出现于拉莫斯的《知识地图》一书中，它表示循序渐进的学习进程，重点关注系统化的知识。1859 年，英国教育家斯宾塞的《什么知识最有价值》认为，有助于个人完满生活的知识是有价值的知识，并列举出课程相应包含的五个方面。在 19 世纪 90 年代，伴随着美国的工业扩张，出现了"学校教育角色观的根本转变"，从注重教师个人表现转向注重课程中固有的各种知识和价值。学校教育从马克霍布金斯坐在野外的木头上和学生聊天，变为让学生学一系列既定的有规则和秩序的、标准化、方法化的系统。方法化系统成为那个世纪课程开发和设计的主要范式。在 20 世纪初，泰罗出版了《科学管理》一书，在他之后出现了一系列科学化课程设计理论，如博比特、查特斯、斯金纳、泰勒的课程理论。在这些课程理论中，控制是第一位的：它总是先于或外在于学习活动本身，作为教育词汇植根于课程当中，是课程时钟里面的机械幽灵。在泰勒的名著《课程与教学的基本原理》中，提出了课程的四个基本环节——目标、经验、组织和评价等理论——要求课程目标是预设的、线性组织的，要能很清楚地从教师传递到学生头上，并且要有一种评价方法指出整个过程的每个环节的量化效果。在这一过程中暗含了这样的课程幽灵，即教育目标是"改变人们的行为方式，使他们接受规范"的理念。[①]在杜威那里，"儿童是起点，是中心，而且是目的，儿童的发展、儿童的生长，就是理想所在"，"决定学习的质和量的是儿童，而不是教材"。因此，杜威反对把学校当作一个传授某些知识、学习某些课业或养成某些习惯的场所，强调"教学必须成为儿童生活经验的一部分"。正是在这个意义上，杜威认为，课程的组织必须围绕着儿童的需要和经验，并通过这种课程使儿童能够自我发展，自由发挥自己的主动性和创造性的本能。后现代主义课程专家小威廉姆斯多尔提出了 4R 的课程标准，即丰富性（Richness）、循环性（Recurrence）、关联性（Relativity）和严密性（Rigor）。丰富性强调课程自身的全面性和开放性，为合作性对话探索提供多重领域；循环性保证课程滚动式前进或螺旋形上升（布鲁纳），为经验的反思性再组、重构和转换提供了机会；关联性将地方文化背景与全球性生态融为一体，提倡用关系感知的方式不断寻找观点和意义之间的关联；严密性防止课程构建时的任意性，促使解释在确定性与不确定性之间达到最好的结合。这就使这一课程模式构成了一种开放的、非线性、非序列性的，但又由各种交叉点予以界定和充满相关的意义网络。这种丰富的、自组织的意义网络必定能使那种"在那里没有人拥有真理而每个人都有权利要求被理解"的"迷人的想象王国"的课程乌托邦成为现实。[②]课程内涵的演变预示着课程的复杂性，为促进学生自主学习，课程的开发和设计应采取不同的方式为学生提

---

① 多尔.课程愿景[M].张文军，译.北京：教育科学出版社，2004.

② 多尔.课程愿景[M].张文军，译.北京：教育科学出版社，2004.

供获取学习资源的多种途径。

二、混合课程设计的价值取向

不同的课程内涵，预示着不同的课程价值取向。课程价值取向是人们基于对课程总的看法和认识，在制订和选择课程方案以及实施课程计划时所表现出的一种倾向性。课程价值取向不仅会影响人们对课程的整体认识，而且对课程开发过程的各环节，如课程目标的确定、课程内容的选择、课程实施以及课程评价等都有着至关重要的作用。

美国学者米勒曾把课程价值取向分为七种，分别是行为取向、学科取向、社会取向、发展取向、认知过程取向、人本主义取向、超个人取向。普瑞特则分别提出了五种课程价值取向，分别是学术理性主义取向、认知过程取向、人本主义取向、社会重建主义取向、技术学取向。他们二人从课程实践出发对课程价值取向的研究，为我们勾画了一幅实践课程价值的全景图，体现了人们在课程实践中对课程目的、内容及其实施等方面关注角度的不同。

但是从历史与现实的角度考察和分析，上述对课程价值取向的研究又可以归结为三种基本的课程价值取向，分别是知识本位的价值取向、社会本位的价值取向、人本位的价值取向。知识本位课程强调系统知识的学习，强调为未来生活做准备，这是教育之所以产生和发展的最初原因所在，课程内容主要是人类长期以来积累下来的文化知识。但过于强调知识则可能造成死记硬背，学生学到的是与现实生活和社会生活相去甚远的死知识。另外，知识本位的课程价值倾向也容易把学校作为一个封闭的系统，使之成为一个与外界联系甚少的象牙塔，这也不利于学生的发展和社会与学校的互动。社会本位的课程认识到了课程对国家和社会发展的巨大作用，注重课程与外部因素的互动。但过于强调课程的社会服务功能必然会导致把学生作为工具来训练，这反而又背离了教育的根本目的。学生本位的课程认为课程应从学生兴趣、需要出发来安排课程，并把课程作为发展人的个性的基本手段。但这样做的结果是常常忽视知识的学习和能力的培养，这样的课程也只能是无源之水、无本之木。

课程价值问题是一个复杂的问题，涉及多种因素的交互作用，从每个因素、每个角度出发，都可以形成不同的价值倾向。从一般的意义上，我们分析了其各自拥有的优势和局限性，但由于课程价值的多元性和复杂性特点，人们很难判定某一种或几种课程价值取向是正确还是错误。我们只能说，上述不同的课程价值取向是人们在不同的背景下，从不同的时代条件出发，考虑课程的不同方面形成的。这些课程价值取向在特定的条件下是合理的，但随着时代和条件的变化，课程价值取向也应该进行相应的改变和调整。

从 20 世纪 80 年代开始，全世界教师教育领域的理论与实践发生着深刻彻底的变革。这场变革的主流趋势就是支撑教师教育的理念根基已由以往的"理论"转向了关注"实践"。[1] 实践取向的教师教育课程重视教师实践性知识的获得。实践性知识是教师内心真正信奉的、在日常工作中实际使用的理论，支配着教师的思想和行为，体现在教师的教育教学行动中的知识。[2] 艾尔巴兹（F·Elbaz）第一个提出"教师实践性知识"。她认为教师确实拥有一种特别的知识，它通过实践行为以及对这些行为的反思来表达。这种知识难以编码，是经验性、内隐的，它源于对实践情景的洞见。[3] 教师的实践性知识包括：①教育信念，教师的信念是积淀于教师个人心智中的价值观念，涉及对诸如："教育的目的是什么？""什么是'好'的教育？"等问题的理解；②自我知识，包括自我概念、自我评估、

---

① 洪明."反思实践"思想及其在教师教育中的争议：来自舍恩、舒尔曼和范斯特马切尔的争论 [J].比较教育研究，2004（10）：1-5.

② 陈向明.实践性知识：教师专业发展的知识基础 [J].北京大学教育评论，2003（1）：104-112.

③ 倪小敏.实践取向：职前教师教育模式的重构 [J].教师教育研究，2010，22（1）：22-27.

自我教学效能感、对自我调节的认识等；③人际知识，包括对学生的感知和了解、热情、激情；④情境知识，对情境判断并做出恰当选择；⑤策略性知识，教师对学科内容、学科教学法、教育学理论的理解、把握，方法的选择等；⑥批判反思知识，有关反思的时机与类型以及反思能力发展的知识。① 对职前教师从哪里获得实践性知识，阿吉里斯与舍恩认为："基础理论与实践能力的相关是以实践理论为中介的，……我们不能只依靠基础理论本身推出应用理论。"但他们指出："实践在教学生如何专业地思考的过程中发挥着重要的作用。"也就是说，理论不能直接转化为实践性知识，我们只能从实践中获得实践性知识。艾尔巴兹为认为只要个体能够在实践过程中对理论知识获得个体的意义，并指导实践，就可以称之为实践性知识了。

综合上述意见，我们认为教师实践性知识一方面源于教师对教育实践经验的审查与反思，另一方面源于教师基于实践背景重新解读和反思教育理论，最终形成在专业领域能够有效发挥作用的实践性知识。两种来源均表明：实践与反思是获得教师实践性知识的必要条件。蔡克纳（Zeichner）指出，反思和经验有着直接的关联，若是教育课程没有提供给学生丰富的经验，学生拿什么去反思呢？反思也是要教和示范的，要有详尽的时间安排和计划给学生去反思，如分段反思。教师以问卷的形式请师范生回答：你目前对教学的理解是怎样的？你的下一阶段目标是什么？对于师范生的思考，教师教育工作者要给予及时和详细的反馈。反思的方法可以多种多样：自传研究、小组讨论、教学生活日记等。② 费曼南瑟（Feiman-nemser）将教师专业学习和发展分为职前教育、入职引导和专

① 陈向明. 实践性知识：教师专业发展的知识基础 [J]. 北京大学教育评论，2003（1）：104-112.

② ZEICHNER K.Designing educative practicum experiences for prospective teachers [R].Paper presented at the International Conference on Teacher Education: From Practice to Theory, 1993.

业发展三个阶段。职前教师教育阶段是为今后教师工作和持续学习打下良好基础的阶段，在这一阶段师范生要检视自己有关教育教学的认识，开始系统地学习学科知识、了解学生，最重要的是入手积累教学资源和策略，养成探究反思的习惯。大学课程应为教师今后的学习和思考提供清晰的理论框架；帮助学生建构有个人意义的对教育教学的理解；培养学生倾向于去反思的态度和习惯。[①]

三、混合课程：面对面与在线课程的有效整合

自 20 世纪 90 年代 O'Malley 提出混合课程理念以来，混合课程研究在美国高校得到大力发展。如美国威斯康星大学学习技术中心在 1999 年到 2001 年实施混合课程开发方案，经过几年的发展，威斯康星大学系统十所公立大学提供人文、社会科学、商业、护理等学科混合课程。又如 Carol A. Twigg 博士在 1999 年到 2004 年间以 PCR 专案（Program in Course Redesign，课程重新设计专案）协助 30 所美国大专院校运用资讯科技来改善教与学的成效，此方案的核心在于如何有效整合面对面课程与在线课程。在 2005 年以后，美国许多高校纷纷实施混合课程方案，以解决在线课程实践中遇到的问题：在线阅读困难，缺乏面对面的沟通，容易造成学习者社会知觉缺失，学习感到孤独。[②]混合课程将面对面课程与在线课程进行有效整合，充分体现了学生自主学习的基本理念，受到了教师和学生的普遍欢迎。

许多人把混合课程定义为面对面和在线两种课程传递方式的结合，这样的理解恐怕只是对其表面特征的描述。维基百科将混合课程定义为面对面互动（如课堂讨论、小组合作及现场教学）与基于网络的教育技

---

① 陈向明. 实践性知识：教师专业发展的知识基础 [J]. 北京大学教育评论，2003（1）.
② KAREN P，YORAM E，YAEL A. Pedagogical and Design Aspects a Blended learning course [J]. International Review of Research in Open and Distance Learning, 2009, 10（2）: 2.

术（如在线课程模块、作业、论坛和其他网络辅助学习工具）的整合。维基百科的定义认为传统课堂和在线学习整合的度取决于课程的性质和主题。Robert Kaleta 认为，混合课程是将课程的大部分学习活动转移到在线学习，传统面对面教学时间相应就减少了，但没有完全消失。[①] 混合课程的目的在于整合面对面教学与在线学习的优势以减少面对面教学时间，促进学生自主学习。美国学者 Young, J. 认为，混合课程是两种课程传递方式（面对面传递、在线传递）的最佳结合，既提供在线课程的方便性又没有失去传统的课堂优势。[②]

通过专家定义的解读，混合课程（blending course）的实质就是将面对面课程（face-to-face course）与在线课程（on-line course）按照适当的比例进行有效整合，以促进学习者以学习为目标的学习计划。适当的比例意味着面对面课程与在线课程之间需找到恰当的平衡；有效整合意味着面对面课程与在线课程形成优势互补，既利用面对面教学中教师的示范、点评和师生情感交流的机会，消除在线学习的孤独感；又利用在线学习资源共享，易于自主学习的优势，弥补面对面教学学习者缺乏自主性的不足。

混合课程作为信息化时代的新产物，具有鲜明的特点。

第一，自主性。混合课程通过开展自主学习、协同学习、教学视频观摩与评说和同伴教学等活动，学习者对学习内容、方式、时间和进程可以自主安排，突出学生的主体意识，极大地提高了学生学习和研究的兴趣，培养了学生的反思实践能力和创新精神。

第二，互补性。混合课程将面对面课程与在线课程进行有效整合，充分利用两者的优势，弥补各自的不足，形成 1+1 ＞ 2 的教育效果。

① GARNHAM C， KALETA R. Introduction to Hybrid Course [J].Teaching with Technology Today， 2002（8）：10−12.

② YOUNG J. Hybrid Teaching Seeks to End the Divide Between Traditional and Online Instruction[J].Chronicle for Higher Education, 2002（28）：33.

第三，共享性。混合课程以网络为媒介，以较低成本实现丰富的在线教学资源共享，打破面对面教学受制于教学资源不足的瓶颈，有效地提高了教育教学质量。

第四，反思性。混合课程注重反思实践，要求学生真正成为自主学习的主人，主动反思学习责任、学习过程、学习效果，并根据反思调节学习计划。

四、混合课程的优势与挑战

混合课程将信息技术与传统教学进行有效整合，具有独特的优势。

第一，促进学生自主学习。混合课程以学生自主学习为中心，要求学生积极参与理论知识学习、教学视频观摩与评说、自测练习、同伴教学、小组合作及其他在线学习活动，运用所学的理论知识解决现实问题，为其自主学习、协同学习营造了真实的学习情境，有助于学生掌握理论知识、提高问题解决技能、发展高水平的批判性思维能力。据美国威斯康星大学的一位教授说，在混合课程环境下，学生学习学得好；他们的学习动机得到激发，学习充满热情，学习效果令人满意。[①]

第二，提高交互质量。混合课程不仅重视面对面的情感交流，而且重视在线讨论，采用两种互动的方式，满足了不同个性学生的需要，具有加强和深化师生互动的巨大潜力。美国高校混合课程的实践表明，那些比较腼腆、害羞的学生较少参与课堂对话，却更愿意参与在线讨论 。[②]始于课堂的情感交流在在线讨论中得以延续，在线讨论又对课堂的情感交流产生影响，两者形成良性循环，促进师生持续互动。

[①] GARNHAM C， KALETA R. Introduction to Hybrid Course [J].Teaching with Technology Today， 2002（8）：10-12.

[②] HENSLEY G. Creating a hybrid college course： Instructional design notes and recommendations for beginners [J]. Merlot Journal of Online Learning and Teaching， 2005（2）：2.

第三，进行学习性评价。混合课程评价主要采用电子学档实施学习性评价。电子学档不仅记录、展示学习者的学习过程及成果，而且还对学习者参与在线小组学习和同伴教学的情况做了详细的记录，这为评价学生的学习提供了直接的证据。

混合课程开发对于教师的教学技能、课程设计能力、课程内容以及学习者预期管理能力等方面提出了新的要求。这对于首次开发混合课程的教师是实实在在的挑战。

第一，改变和时间的挑战。在面对面教学条件下，教师通常是课程的主导者，对自己的教学策略非常熟悉，用起来得心应手。考虑到新的学习环境，混合课程要求教师认真思考如何把面对面教学与在线学习有效整合？这是混合课程开发所要解决的核心问题。为此，教师需做出改变，既包括教师改变传统的教学方式，针对不同的课程内容，采用不同的教学策略，又包括教师改变角色定位，必须从课程的讲授者和呈现者转变为促进学生学习的引导者和帮助者。另外，混合课程开发有许多的工作需要教师认真思考和准备，这要求教师有大量的时间和精力致力于混合课程建设。

第二，混合课程再设计的挑战。在首次开发混合课程时，教师通常的做法是在传统课程基础上增加一些在线学习资源代替混合课程目标的再思考，设计很多的活动希望能够让学生学得更多。但是这么做的结果常常是加重了教师的工作负担和学生的学习负担，混合课程学习效果适得其反。教师正确理解混合课程不"超负荷"是非常重要的。鉴于此，混合课程再设计时需注意：重新思考课程目标，确定哪些学习任务适合于面对面教学，而哪些更适合于在线学习；清楚表述课程要求，明确对学生的期望；有效整合面对面与在线课程要素，找到适当的结合点；激发远程学习者的动机，鼓励学生积极参与混合课程学习和评价过程。Hensley 指出，教师必须确定哪些课程目标适合于在线学习，设计在线活动以实现这些目标，确保整合混合课程的在线和面对面要素。① 简单地将传统课程的实践模式插入到在线学习是不起任何作用的。

第三，双重传递的挑战。混合课程以面对面和在线两种方式传递课程内容，学生学习发生在两种情境中，除了增加准备时间以外，使用两种传递方式还导致了冗余问题。在美国的许多实例中，教师已经在课堂上分发了纸质的课程提纲和作业，并在网络中上传了相同的资料以方便学生使用。类似的，教师在班级讨论之外还增加了在线讨论，但没有考虑使这两个讨论都成功教师和学生所必须付出的时间和精力。

第四，管理学习者预期的挑战。混合课程不仅对教师提出了更高的要求，而且对学生也是一个不小的挑战。学习者对混合课程通常存在一些错误的理解。举例来说，学习者认为面对面课程减少了，那么意味着课程作业就减少了，事实上，混合课程意味着学生有更多的事情要做；还有一些学习者可能对他们积极角色的理解和承担的学习责任存在困难。对此，教师非常有必要清楚解释为什么开发混合课程、对远程学习者的期望是什么以及如何帮助远程学习者提高自主学习能力。

五、混合课程开发模式及原则

（一）混合课程开发模式

成功的混合课程开发包含以下几个重要的环节：准备阶段、实施阶段和评价阶段。

第一，准备阶段。混合课程准备阶段需分析其教学的基本情况，确定混合课程开发的总体模式。它主要包含三个部分：一是分析学习者的特

---

① HENSLEY G. Creating a hybrid college course：Instructional design notes and recommendations for beginners [J]. Merlot Journal of Online Learning and Teaching，2005（2）：2.

点，即定期评估学习者的预备知识、学习风格、学习偏好等掌握学习者的相关特征；二是分析课程知识，确定教学的知识基础并对学习的知识进行分类；三是分析混合式学习环境，确定混合课程学习需要用到的技术。选择尽可能简单的，易于运用的技术。同时，对哪些运用技术存在困难的学习者，提供技术支持策略。准备阶段的目的在于了解学习者的学习特征，阐明混合课程的知识基础及知识分类，选择运用的技术和提供相应的技术支持，为有效整合在线学习和面对面教学奠定基础，其结果表现为一份综合上述基本情况的分析报告。

　　第二，实施阶段。混合课程实施是根据预先分析报告进行混合课程开发的总体设计。这部分包括三个内容：一是混合式学习的总体设计、课程单元（活动）设计和课程资源设计；二是混合式学习的总体设计确定课程学习总体目标，即当学完混合课程，学习者能够学到什么；三是课程总体目标是进行课程单元（活动）设计、课程资源设计的依据。一般来说，课程总体目标需要分解成层次化与序列化的单元（活动）目标，并按照课程单元开展的时间序列，呈现出教师和学生在混合课程中分别承担的基本工作和任务。单元（活动）设计是课程设计中最能够体现混合课程特点的环节。单元（活动）设计的实质，就是将特定课程的教学内容和总体目标逐步分解为具体的工作和任务[①]，并确定适合于面对面教学和在线学习的学习目标和任务，形成可操作的教学方案。根据单元（活动）设计，教师选择相应的教学策略，促成课程目标的实现。资源设计涉及课程资源（课程标准、课程主题、课程公告及课程作业等）以及参考资源（可利用的与本课程相关的资源链接）的设计。资源设计为学生自主学习提供方便，也为课程在线讨论提供线索。

　　第三，评价阶段。鉴于混合课程采用面对面和在线两种不同的课程

---

① 黄荣怀，马丁，郑兰琴，等 . 基于混合式学习的课程设计理论 [J]. 电化教育研究，2009（1）：9-14.

传递方式，需分别制定课程考核方案。考核方案的关键在于体现学习者主动参与教学评价。混合课程主要采用学习性评价（例如，使用电子学档）、课程知识的考核（例如，在线测试）和学习活动的组织情况评定等方式对教学效果进行评价。[①] 其中，使用电子学档作为学习者自主记录、监控、分析学习过程、收集学习作品、评估学习效果的学习性评价活动，有效地整合评价活动和学习活动，既吸引学习者主动参与评价，又能促进了学习者学习。

（二）混合课程开发原则

第一，支持同伴教学。学习者向同伴提供教学服务。无论是小组学习，还是同伴教学，学习者扮演教师的角色对其成长都是有益的。同伴教学能激发学习者的学习动机，明确学习责任；帮助学习者更深层次理解课程内容，更留心同伴提出的各种观点；促进学习者反思自己的思维方式和学习方式，确立恰当的学习目标，选择适合的学习策略，监管学习过程，提高学生自主学习和合作学习的能力。

第二，利用学习者作品作为同伴学习的资源。Scardamalia 和 Barieter 指出，在知识建构的团体环境下，学习者相互分享知识和作品，知识成为环境的有效构成部分，其他学习者能对这些知识提出建设性的意见促进进一步深化知识。[②] 在此方式下，无论是学习者个体还是小组创作的作品，都支持知识解释和加工处理类型的学习活动。

第三，学习者参与评价。相关研究证明：学习者参与评价是一个对不同背景下的学习过程都有积极影响的有效手段。学习者参与评价能帮助

---

① 黄荣怀，马丁，郑兰琴，等.基于混合式学习的课程设计理论 [J]. 电化教育研究，2009（1）：9-14.

② YAEL K, RACHEL L, YEHUDIT D. The role of design-principles in designing courses that promote collaborative learning in higher-education [J].Computers in Human Behavior, 2009, 25（5）: 1067-1078.

学习者理解评价标准，支持学习者完善学习作品，通过评价同伴作品进行学习，以更广泛的视角思考反馈意见，发展评价技能。学习者参与评价能提高学习者的责任感和学习效果。学习者参与评价有多种方式：学习者参与制定评价标准、对其他学习者的作品提供反馈、参与同伴和自我评价。

六、我国教师教育混合课程设计注意事项

（一）网络课程设计重在有效整合

网络课程与面对面教学各有优势和不足，将网络课程与面对面教学进行有效整合，构建网络课程与面对面教学整合的教学模式，使二者优势互补。这需要对网络课程进行重新设计，以有效整合两种不同的课程传递方式。我国的葛京凤教授等在这方面做了有益的探索，他们设计了情境 – 探究 – 互动教学模式、导学 – 探究教学模式及主机控制 – 导学互动教学模式，构建网络课程与课堂教学整合的教学模式。[①] 借鉴国内外的经验，我们认为网络课程再设计需注意：重新思考课程目标，确定哪些学习任务适合于面对面教学，哪些更适合于在线学习；清楚表述课程要求，明确对学生的期望；激发学生的学习动机，鼓励他们积极参与课程设计、开发和评价过程；有效整合面对面与在线课程要素，而不是各自复制，同时要避免两个平行的不相联系的课程教学。那些把在线学习当作面对面教学的补充或附加的教师仍然是以传统的教学方法为中心的，将会难以利用在线学习的优势。

（二）确立基于自主性学习的教学

自主学习意味着学生对学习进行有效控制的能力，体现为一种"超

---

① 葛京凤，梁彦庆，黄志英.网络课程与课堂教学整合教学模式研究 [J].河北师范大学学报（教育科学版），2010,12（8）：73-78.

然、批判性反思、决策好独立行动的能力"[1]。我国网络课程教学要体现自主学习的理念，教师应确立为"学"而"教"的指导思想，从关注教，走向关注学，明确学生是学习的主体，教师是学生学习的帮助者和引导者。基于自主性学习的教学，应以活动为中心创设网络课程自主学习情境。具体来说，基于自主性学习的教学所强调的是这样一种情形：整个教学以给予学生的自主学习时间为前提，以培养学生的自主学习能力和促进学生的自主发展为目标，以让学生自主决定、自主选择、自主控制、自主反思、自主评价、自主建构为进程，以教师的组织、帮助和指导为方式而开展的教学活动过程。[2]

（三）提高交互质量

和谐的师生关系是提高教育教学质量的有效因素。建立和谐的师生关系取决于师生在教育活动中互动的质和量。师生之间不仅互动的量是重要的，而且互动的质、及时性也是重要的。为此，教师应明确期望学生以积极的态度参与课堂内外的互动。在具体策略上，既可利用交互工具，如学习论坛、短信息、电子邮件、教育博客等促进互动；又可以利用面对面沟通的机会，加强师生情感交流。

（四）进行学习性评价

评价最主要的意图不是为了证明（prove），而是为了改进（improve）。学习性评价就是寻求与解释证据，让学生以此确定他们当前的学习水平、他们需要追求的学习目标以及如何达到所要追求的学习目标的过程。实施学习性评价的立足点不是为了促进学生之间的竞争，而是要

---

[1] LITTLE，D. Learner Autonomy I：Definitions，Issues and Problems [M].Dublin：Authentik，1991.

[2] 孟庆男．基于自主性学习的教学模式 [J]．课程·教材·教法，2006（2）：21.

关注每位学生个体化的、长期的发展。评价目的在于如何更好地促进学生的学习和成长，而不是用来鉴定优劣、划分等级。评价的结果并不等同于学生当前的学习水平，而是用来促进学生进一步认识自己、了解自我、完善自我，以促进学生的深度学习和未来发展。在具体实施上，主要采用电子学档记录和展示学生的学习过程及成果，结合教师评价、自我评价和同伴互评为学生的学习服务。

在教育信息化背景下，未来的成功教育必定属于在信息化进程中不断探索的人。[①] 混合课程作为信息化时代的产物，有效整合了面对面和在线两种课程传递方式，为学生的自主学习创设了有利条件，突出培养学生的自主学习能力，这为我国教师教育网络课程的未来发展提供了一个新的视角。

第四节　网络公开课的开发

网络公开课作为"公开教育资源（Open Edu-cational Resources，O. E. R）"运动的一种新形式，它的出现是世界高等教育发展史上的一个里程碑。2001 年，美国麻省理工学院率先将其部分课程视频公开在网络上，使得世界上任何一个地方的学习者通过网络都能够免费获取，此举在全球教育领域投下了一枚"重磅炸弹"，引起各国高校和研究者的高度重视。继麻省理工学院之后，耶鲁、哈佛、剑桥、牛津等世界名校也陆续加入，国外网络公开课建设由星星之火渐成燎原之势。目前，全球已有 200 多所知名大学参加了开放课程资源共享，在国际开放课件联盟（OCWC）的框架下，开放、共享了超过 20 种语言环境下的 14 000 门课程。

---

① 张一春. 现代教育技术实用教程 [M]. 南京：南京师范大学出版社，2005：序言.

一、网络公开课的内涵界定

联合国教科文组织认为，开放教育资源是指免费、公开提供给教育者学生、自学者可反复使用于教学、学习和研究领域的数字化材料。网络公开课是其主要形式之一，它是指名校在网络上免费公开名师的教育资源（包括课堂视频、课程标准、教学课件、课程学习资源、课程作业等），以便于感兴趣的学习者学习。网络公开课通过网络途径向社会传播优质教育资源，是现代高等教育发展的必然趋势。这将极大地强化大学服务社会、回报社会的重要使命，体现大学的公益价值；也将促进高校更新教育理念，改革课程设置和教学方法，提高教学质量，培养优秀人才。因此，网络公开课总体目标定位于开放共享优质教育资源，促进学习者学习，提高高等教育质量，搭建终身学习立交桥，构建学习型社会。网络公开课的主要特点有以下方面。

（1）公益性。公益性是网络公开课的核心价值。网络公开课建设的宗旨在于不以营利为目的，不向学习者收取任何费用，而以谋求社会效益为重，以学习者的利益为重，坚持适应社会需求、以人为本、机会公平的课程开发原则，把名校的优质教育资源通过互联网向社会大众传播，帮助教师提升课程和教学理念，帮助学生和自学者获得一流的课程资源，进而造福全人类。网络公开课体现了大学的普世价值，实现了大学回报社会的重要使命，履行了大学义不容辞的社会责任。正如麻省理工学院院长查尔斯·M·威斯特所说："我们必须下定决心利用我们的新科技，利用它们来对全世界的人类赋予知识的力量，让教育更为平民化……因为我们认为这是我们的使命：协助提升全世界每个角落的高等教育。这个计划基于两个价值观：机会与开放性。这两个价值观让我们的大学与国家强盛，这两个价值观也会让我们的世界变得安全与繁荣。"

（2）开放性。开放性是网络公开课的最本质属性。一方面，网络公开课没有设置任何的屏障，其优质教育资源完全是免费公开的。对任何学习者而言，只要你有一颗求知的心，有电脑能上网，就可以随时随地选择自己感兴趣的课程资源进行学习，真正建立起"人人能学、时时能学、处处能学"的全民终身学习立交桥，必然成为建设学习型社会的重要推动力。另一方面，网络公开课的开放性也表现在教与学过程的开放性。教学过程中师生合作学习的开放氛围，互相激励的开放思维，多种答案、多元评价的开放标准，共享合作学习经历。

（3）共享性。共享性是网络公开课构建学习型社会的重要保证。网络公开课把优质教育资源共享放在战略性地位。网络公开课利用网络信息技术推动高校开放优质教育资源运动，致力于打造"开放、共享、合作"的学习平台，搭建全民学习的信息港，让全世界共享，为全民学习提供帮助和服务，努力实现"人人享有优质教育"的宏伟蓝图。

（4）新颖性。新颖性是网络公开课充满活力的体现。国外名校网络公开课之所以受到国内学习者的欢迎，主要是因为其新颖的教学方式和教学内容。在教学方式上，国外网络公开课采用启发式、反思式、探究式等教学方式，巧妙引导和调动学习者的学习热情和兴趣，让学习者进行独立思考，开启了思索的引擎，发挥学习者的主观能动性，这对于国内学习者来说，具有很大的吸引力。在授课内容上，国外网络公开课突破单一学科体系的逻辑结构，多学科内容交叉融合，将深奥的原理还原到理论出发点，切入生活的横截面，使得原本一个个晦涩难懂的哲理演变为一个个浅显易懂的生活情景，极大地激发了学习者学习的兴趣。

（5）自主性。自主性是网络公开课推进全民终身学习的有效途径。每个学习者都可以选择自己最感兴趣的或最需要的课程资源进行自主学习，学习者自主制订学习计划，确定学习目标，选择学习内容，自我监控和反思学习过程及结果，自我评价学习成效，充分体现了学习者享有主宰自己学习的权利。

（6）数字化。数字化是网络公开课强化服务功能的重要手段之一。网络公开课借助现代信息技术手段，在正规高等教育难以全面覆盖的范围内，为需要获得教育的学习者提供优质的教育资源，满足不同类型学习者的需求。

二、我国网络公开课建设的优势和不足

（一）我国网络公开课建设的优势

1. 政府支持

《国家中长期教育改革和发展规划纲要（ 2010—2020 年）》指出："加强优质教育资源开发与应用，建立开放灵活的教育资源公共服务平台，促进优质教育资源普及共享。"我国教育部指出，"十二五"期间，教育部将建设 1 000 门精品视频公开课，其中 2011 年建设首批 100 门，2012 年至2015 年建设 900 门。这反映了我国国家政策制定和教育主管部门大力支持网络公开课建设。从国际网络公开课的建设经验来看，政府或者其他社会公益组织的积极推动十分关键。因此，我国网络公开课建设必须与政府的诉求和利益相一致，才能获得成功。

2. 基础扎实

从 2003 年起，我国开始实施国家级、省级、校级三级"精品课程建设"，力图实现优质教育资源开放共享。截至 2010 年年底，我国已经累计建设国家级精品课程 3 700 余门，省级和校级精品课程 10 000 多门。在我国，最初由一些门户网站引进国外名校的网络公开课，如麻省理工学院的"物理：经典力学课"、哈佛大学的"幸福课"、耶鲁大学的"死亡课"等，一经推出就受到了高校学生、白领阶层的欢呼，他们大声宣称———以前爱逃课，现在爱淘课。2010 年 11 月，网易正式推出"公开课"频道，组织专门的团队制作、发布和推广公开课。2011 年 1 月，网易宣布加入国际开放课件联盟，让国内学习者接触更多的国外优质教育资源。2011

年 3 月，复旦大学的网络公开课《执拗的低音》率先亮相，开国内网络公开课之先河。此后，清华大学、北京大学、浙江大学、西安交通大学等众多名校纷纷加入网络公开课建设之列。2011 年 11 月，教育部推出 20 门"中国大学视频公开课"，课程来自北大、清华等 18 所国内知名高校。5 天的点击量就超过 10 万次，引起了教育界各方人士的广泛关注。这一切表明我国网络公开课建设具备了扎实的基础，并且在实践方面取得了一定的成绩。

3. 有可借鉴的经验

虽然说，我国网络公开课建设还处于起步阶段，还存在诸多需要解决的问题。但是，国外网络公开课建设已经有十来年的实践，尤其是美国高校已经积累了相当丰富的经验。我们在网络公开课建设过程中可以采取"拿来主义"，洋为中用，取其精华，去其糟粕，逐步探索出一条适合中国国情的网络公开课建设之路。

（二）我国网络公开课建设的不足

1. 理念上分歧

网络公开课这一新生事物，体现了教育的新理念，对其大加赞许者有之，对其不屑不为者也有之。好评者褒扬道，网络公开课通过现代网络技术，真正意义上实现了优质教育资源让社会大众共享，这是拆除了知识囿于大学围墙的壮举，彰显了知识的公益价值和教育的普世价值，既是高校义不容辞的责任，也是构建学习型社会的必由之路。贬低者认为，网络公开课形式大于内容，象征意义大于实际意义，只是学习者的一个调味品而已，绝不是主食。因为网络公开课的先天不足限制了其发展空间，缺乏面对面的交流，所以，学习者一旦存在疑难、困惑，教师无法在第一时间给予答疑、解惑。学习者要想全面学习知识，或者在专业上深入发展，仅靠网络公开课是远远不够的，必须借助传统面对面课堂的系统学习方式。国内学者褒贬不一的看法显示了我国网络公开课优质教育资源开放共享的理念还没有形成共识。正如中国地质大学原校长赵鹏大认为："国人骨子里就没有资源共享的习惯，开放课程说起来很容易，但是实施起来很难。开放课程是一种习惯也是一种理念，我们总是习惯于你搞你的我搞我的，为什么说我国很多科学研究低水平重复？就是因为互相不通气，资源无法共享，重复建设。"理念上存在分歧，从积极方面看，能促进我们加强网络公开课理念的深入探讨，真正领会其精神实质，从而更好地建设网络公开课；从消极方面看，如果固守陈旧观念，抱残守缺，那将对网络公开课的建设形成不小的阻力。因此，关键在于我们如何对待理念上存在的分歧。

2. 资金上缺乏

网络公开课虽然免费，但它的开发却是一个费钱的活，需要有大量的资金来支撑。根据美国的经验，每一门网络公开课的视频录制需要 3 万～4 万美元，具体包括摄影师的费用、字幕制作的费用及确保上乘视频质量的费用等。像麻省理工学院、耶鲁大学等世界名校获得了 William & Flora Hewlett 基金会以及比尔和梅琳达·盖茨基金会等的大力支持，解决了资金上的后顾之忧。而在我国，目前网络公开课的开发资金主要源于学校内部，如复旦大学投入 1500 万元资金打造网络公开课，试问我国有多少高校能像复旦大学这样大手笔支持网络公开课的建设？在缺乏外界资金的支持下，复旦大学又能坚持多久呢？这恐怕是许多人的疑问。又如中国开放式教育资源共享协会（CORE）以借鉴和吸收国外名校先进的教学课件、技术和手段等，以提高中国教育质量，同时，将中国高校的优秀课件与文化精品推向世界，促成教育资源交流和共享为宗旨。其运营费用主要靠惠特勒基金会每年 20 万美元的资助，但是随着惠勒特基金会难以维持，该协会的运作也将难以为继。这说明，我国网络公开课建设必须解决资金问题，如果没有雄厚的资金支持，我国网络公开课建设能走多远还是一个未知数。

3. 知识产权保护难

在国外，网络公开课建设有明确完整的知识产权保护体系。高校教师自愿参与网络公开课开发，学校提供相应的资金支持，课程产权属于学校。学校要求使用者遵循 CC 版权许可协议，即 Creative Commons（创作共用）协议，遵循署名、非商业性使用、禁止演绎和相同方式共享（即基于 CC 产品产生的新产品应遵循 CC 协议）四个条件，作品方可免费传播。在国内，网络公开课知识产权保护还是一个棘手的难题。有学者建议，网络公开课相关资源的知识产权应当比照出版物的知识产权来对待。在使用这些资源时，需要有引用和标注。这反映出我国目前对网络公开课缺乏明确的法律界定，如网络公开课的产权属于谁？网络公开课网络传输属于发行还是传播？网络公开课如何合理使用？如何保护网络公开课著作权人利益？正是这些问题的存在，网络公开课知识产权还难以得到保障。必须建立和健全相关的法律法规，采取切实可行的措施对网络公开课的知识产权进行保护。同时，提高学校和教师对与网络相关的知识产权的认知度，才可以使得网络公开课的建设无后顾之忧。

三、网络公开课：实现高等教育公平的有效路径

实现高等教育公平，办好人民满意的教育是我国高等教育改革和发展的战略方向。作为分配社会资源和实现社会各阶层合理流动的高等教育，其公平与否，不仅直接影响着青年一代的发展机会，而且也影响着经济社会的稳定与健康发展。我国高等教育早在 2002 年就已经步入大众化阶段，越来越多的青年学子获得了进入高校深造的机会，高等教育公平取得了重大突破，成就非凡。同时，在发展过程中也暴露出了种种矛盾和问题，如接受高等教育的权利和入学机会的不公平、优质教育资源的失衡、

教育公平和效率的掣肘等，制约了高等教育公平的进一步落实。网络公开课作为"互联网＋"时代全球"开放教育资源"运动的新形式，其开放共享的创新教育理念，新颖独特的教育方式和教育内容，满足了学习者的个性化学习需求，保障了学习者的学习权利和机会，打破了高等教育资源的分配失衡，提高了学习者的学习质量和效益，为促进高等教育公平迈出了坚实的一大步。

（一）网络公开课与高等教育公平的内涵分析

网络公开课是一种新兴的在线课程模式，是高校运用现代信息技术手段和工具向社会公众免费开放共享的优质教育资源。它作为一种崭新的教育模式和学习方式，正在打破学校之间的壁垒，让更多的学习者分享优质教育资源。网络公开课具有个性化学习、增加学习机会和成本控制三大优势。个性化学习是指学习者根据个体独特的需求进行量体裁衣式的学习。这种学习是定制的或个性化的，其目的是帮助学习者达成学习目标。增加学习机会意味着学习者可以打破空间上或地理上的阻隔，免费获得自己需要的课程资源。成本控制是指网络公开课为每一位学习者提供个性化学习的机会，无须增加成本就可以使每一个学习者得到与单独辅导相似的学习体验。网络公开课的这些潜在好处，正在为促进高等教育公平的实现创造条件和机遇。"教育公平是涉及多学科、多层面、多因素的复杂问题，仅从某一方面难以把握全貌"。研究者从不同的学科视域阐释教育公平：第一，伦理学视角。研究者受到罗尔斯公平三原则的影响，主要引用"公平"的概念对现存社会制度进行道德评价，重视资助弱势群体，以改变弱势群体的不利境遇，实现教育公平。第二，法学视角。主要研究法律法规对教育公平的规定以及普及教育权作为人的基本权利的问题。第三，经济学视角。既强调教育资源的公平分配，又重视教育资源的利用效率。第四，社会学视角。主要关注学习者受教育机会的均等。第五，教育学视角。主要借鉴胡森和科尔曼的观点，将教育公平分为起点公平、过程公平和结果公平。高等教育公平是教育公平的构成和延伸，其内涵与形式都应与教育公平保持一致。高等教育公平既是权利和机会的平等（起点公平），也是公平地享有教育资源，每个学习者都能得到适合自身特点的教育（过程公平），有效促进学习者各方面能力和素质的全面发展（结果公平）；既是公平与效率的和谐统一，互促共进，又反映着教育利益在人们之间的分配关系；既是理想、价值、应然的追求，又存在现实、事实、实然的差异。

（二）高等教育不公平的现状剖析

当前我国高等教育存在的不公平现象主要表现在权利和机会的不平等、资源配置的失衡、公平与效率的掣肘等方面。

1. 权利和机会的不平等

权利和机会的不平等是我国高等教育公平的核心问题，其具体表现为区域之间和城乡之间的不平等。我国有北京、上海、南京、武汉、西安等五大高校密集的区域，高考招生制度允许高校向其所在省份倾斜招生，这一政策的初衷是为了最大限度利用教育资源，促进当地社会经济的发展，却使高等教育落后省份的考生进入高校学习的机会远少于高等教育发达省份的考生，考生同样的考试成绩却不能享有同样受教育的机会，形成了区域之间高等教育权利和机会的不平等。城乡之间大学生的比例不是在缩小，而是在逐步扩大，农村大学生的比例逐年呈下降趋势。有调查数据显示，"北京大学 1999 年农村学生的比例为 16.3%，2013 年农村学生的比例为 14.2%，比 1999 年减少了 2.1 个百分点；北京农业大学 2002 年农村学生的比例为 33.66%，2013 年农村学生的比例为 24.34%，比 2002 年减少了 9.32 个百分点。"北京大学刘云杉教授的调查显示，"1978 年至 1998 年，来自农村的北大学子比例约占三成，20 世纪 90 年代中期呈下滑趋势，2000 年至 2011 年，考上北大的农村子弟只占一成左右。"

2. 资源配置的失衡

高等教育资源配置不仅影响高校的办学质量和效益，而且影响学生的就学和未来的发展。我国高等教育资源配置的失衡主要体现在区域之间、学校之间和城乡之间三个层面，而且相互叠加。一方面，高等教育资源配置存在区域之间不均衡。我国东部、中部和西部经济差距较大，东部沿海地区经济发达，高校众多，办学规模大，条件好；而中部、西部地区经济相对落后，高校数量少，办学规模小，条件差。经济发达的东部沿海地区国家投入的教育经费远远高于中西部地区、经济欠发达地区及少数民族地区，导致"最需要教育资源的地方，却最缺失教育资源；最需要接受教育的群体，却离教育资源最远"。地区之间经济发展的不平衡加上国家投入经费的差异，致使越是发达地区，高等教育发展得越快；越是欠发达地区，高等教育发展越发落后。另一方面，我国高校有"985""211"和地方高校之分，有"一本、二本、三本"之分，有重点大学与非重点大学之分。这些不同的划分，意味着其在教育资源的配置上享有不同的话语权，高等教育资源配置在学校之间有显著差异。另外，城市和农村教育资源配置也存在显著差异。我国高校布局主要集中建立在城市，农村几乎没有大学，高等教育资源极度匮乏，而城市缺乏反哺农村的机制，农村的高等教育资源愈发凋敝。

3. 公平与效率的掣肘

"教育公平发展的实质是教育平等和教育效率的相互促进与和谐统一的发展。"教育公平既求公平，又讲效率，两者互相促进。但在实践中，高等教育存在公平与效率的掣肘现象。我国高等教育在发展过程中出现过效率至上和公平至上两种不同的价值取向，要么单纯地追求效率而忽视教育公平，要么就是走向追求绝对的教育公平而忽视了教育效率。效率至上的价值导向下，高等教育成为稀缺资源，考生为高等教育入学机会争夺愈发激烈，"千军万马过独木桥"是其真实写照，实现教育公平难上加难。公平至上的价值导向下，高等教育不再是象牙塔，考生受教育的权利和机会大幅增加，可带来的往往是教育效率的低下。如在我国高等教育扩招政策的影响下，一些高校不问市场需求，不问办学条件的许可盲目扩招，一窝蜂兴办大量的同类专业，不仅造成了教育资源的利用效率低，浪费了大量的教育资源，而且也造成了大学生的就业难。

（三）网络公开课对高等教育公平的促进作用

网络公开课作为国际上开放教育资源运动发展的最新形态，秉承优质教育资源开放共享的核心理念和最高愿景，将开放、共享、创新的教育理念与信息技术深度融合，已经成为教育发展的重要趋势，成为实现教育公平的有效途径。其对高等教育公平的促进作用主要体现在以下几个方面。

（1）实现高等教育权利和机会的公平。网络公开课以网络为传递工具，开放共享优质教育资源，不受时空地域的限制。学习者即使没有迈进高等教育的门槛，只要你愿意学习，具备一定的学习能力，有网络作为支撑，就可以根据自己的需求，随时随地通过网络获取优质教育资源，选择相关的课程进行学习。可以说，网络公开课降低了高等教育的门槛，为所有学习者打开了高等教育之门，打破了高考招生名额限制，每个学习者都可以根据自己的意愿和需求选择名校名师的名课进行自主学习，学习者的个性化学习需求得到满足。毫无疑问，网络公开课以其独特的开放共享优势，为保障学习者的高等教育学习权利和机会提供了有效的解决路径。

（2）促进高等教育优质资源的均衡发展。高等教育公平意味着每一个学习者在享受公众教育资源时能受到公平公正的对待。在传统高等教育时代，这是难以实现的梦想。而在"互联网＋"时代，个人计算机与互联网技术的结合将产生大规模的信息分享效应。在此观点的影响下，网络公开课作为开放性的教育资源，向学习者提供免费共享的课程应运而生。网络公开课借助现代信息技术手段，特别是互联网技术，把优质的教育资源传输到世界的每一个角落。正如翻转课堂的创始人萨尔曼·可汗所说，拥有先进技术和教育资源能为每一个学习者提供世界顶级的教育，谁都可以享受世界一流的免费教育。网络公开课破解了区域、城乡、校际教育资源分布不均的难题，突破了传统教育资源不足的瓶颈，可合理配置优质教育资源，有效实现区域、城乡、校际高等教育资源的均衡发展。

（3）有效解决高等教育公平与效率的统一。在"互联网＋"背景下，网络公开课与传统课堂走向融合是当下高等教育发展的重要趋势。我国一些高校已将网络公开课融入大学课堂、扎根大学课堂，探索开展混合式教学。混合式教学把在线学习和面对面教学进行有效整合，既体现学习者自主控制和调节学习的时间、地点、路径或进度，发挥学习者自主学习的积极性和主动性，又利用面对面教学加强师生情感的交流和沟通，帮助学习者获得整体的学习体验。高校混合式教学实践有效提高了高校课堂的生命活力，提升了师生的学习生活质量，有利于实现高等教育质量公平。高等教育公平与效率两者之间因此而形成良性互动，有效地促进了二者的和谐统一。

四、加强网络公开课建设，促进高等教育公平

网络公开课建设既涉及课程理念问题，又涉及课程实践问题。加强网络公开课建设，需要从以下几个方面着力。

（一）明确网络公开课开发主体

美国网络公开课开发权责明确、分工清楚，高校作为课程开发主体，负责组织学校优秀、资深的教师参与课程开发，负责筹措课程开发资金，其资金主要来源于社会机构或个人的资助，负责协调课程开发各方面的关系和利益。教师自愿参与课程开发，分享自己的教学和科研成果，有权获得学校资助，但课程产权属于学校。在我国，最初网络公开课开发也以学

校为主体，如复旦大学自主开发了《执拗的低音》公开课，课程开发资金也是由学校负责。但中美两国高校存在较大的差异，像美国哈佛、麻省理工学院等著名学府是私立大学，享有充分的自治权，办学经费由学校筹措，并且他们得到社会机构和个人捐助的力度非常大。而我国复旦、清华、北大等高校是公立大学，直接受教育部领导，办学经费主要来自政府财政拨款，社会和个人的集资捐助只占极小一部分。网络公开课建设完全由学校承担经费来源，这也是造成我国高校网络公开课开发动力不足的主要原因之一。结合我国的实际情况，我国网络公开课建设需要政府引导和扶持下的广泛参与，政府提供相应的优惠政策和资金支持，教育管理机构加以规范，统一网络公开课建设标准。学校自主建设，以学校的名义推出，名师深度挖掘课程资源，体现学校先进的教育理念和精湛的教学水平。同时，鼓励社会各方广泛参与，形成社会支持体系。只有群策群力我们才能建设好具有中国特色的网络公开课品牌。

（二）更新课程观，合理定位课程目标

"互联网+"时代，网络日益成为人们学习、生活和工作的新常态。"互联网+"教育的本质就是传统面对面教育与在线教育深度融合。"互联网+"教育引发了教育的变革：一是信息的传递方式由传统的纸质媒体传播走向网络传播，网络已经成为信息传递的主导方式；二是学习者的学习方式发生了重要的变化，从传递——接受的被动学习向个性化、碎片化的自主学习方式转变；三是学习反馈、评价的方式从依据小样本数据的结果性评价向依据大数据的学习性评价转变；四是教学模式由传统面对面的教学向混合式教学转变；五是高等教育的教材从纸质教材向纸质教材和数字化学习资源结合转变。从一定意义上说，这些深刻变革是由于课程观的变化引发的，其源头可以追溯到2001年麻省理工学院的开放课件运动。受开放课件运动的影响，在线课程、慕课、微课等网络公开课在全世界范围内兴起。网络公开课揭示新的课程观：课程不仅仅是一种开放的、具有层

次和特色的学习资源，也是一种教与学的方式，还是一种学习评价方式。因此，加强网络公开课建设首先需要树立新的课程观。更新课程观厘清了网络公开课建设的理念问题。国外网络公开课体现了名校开放办学、开拓创新、知识共享的理念以及名校教育服务优势的形成。优秀的网络公开课将名师、优质教育资源、优化的教学过程完美结合，提供优质的教育服务。这样的网络公开课凸显了名校的办学特色，打造了名校的服务品牌，进一步提升了名校的教育服务优势，增强了名校的影响力和感召力，对学校的长期发展具有积极和深远的正面价值。中央广播电视大学副校长严冰指出："国外的网络公开课恰恰是大学创新精神理念的核心体现，也反映了西方社会已经构建起来知识共享的先进理念。国外的网络公开课由大学自觉开发并推出，旨在巩固并提升大学的品牌，而我国大学公开课的推手是政府，更多的是一种行政行为，甚至不排除成为流于形式的面子工程。"因此，我国高校需要转变教育教学理念，树立开放办学、开拓创新、知识共享的新理念，应以一种更加负责任的态度探索网络公开课建设进程，扎实推进网络公开课建设工程，赋予网络公开课以灵魂，不能仅是赋予其形，更要赋予其神，开发出具有中国本土化特色的网络公开课，打造出中国的网络公开课品牌，形成我国高校的教育服务优势。建设什么样的网络公开课，为谁建设网络公开课？这涉及网络公开课的目标定位。网络公开课的目标应定位为满足学习者的个性化学习需求，真正实现因材施教——每个学习者都可以按照自己的实际需求去获取知识。因为每个学习者有不同的学习背景、学习兴趣、学习风格和学习特点，只有分层分类建设具有特色和水平的网络公开课，才能满足学习者的需求。学习者的学习需求得以满足，意味着学习者的学习权利、学习的机会得到了有效保障，高等教育的权利和机会公平才能得到实现。

（三）明确课程服务主体

国内外网络公开课的用户群主要分为三类：教师、学生和自学者。

如麻省理工学院网络公开课的使用人群主要是自学者和在校学生，自学者为43%，学生为42%，教育工作者为9%，其他用户为6%。根据人民网的资料显示，我国西安交通大学网络公开课的使用人群约40%的"淘课"者来自社会，其他则为教育网用户。网络公开课一方面在为高校师生服务，另一方面也在为社会上的学习者服务。这说明"网络公开课将高校优质教育从在校学生延伸到社会大众，将教育的外延从学历教育延伸到终身教育，是实现教育公平的有效途径"。因此，只有了解不同用户人群的学习特点，开发出有针对性的网络公开课，才能满足学习者的需要，方可得到社会的好评。

（四）政府应有所为，有所不为

网络公开课既涉及教育领域，又关联政治思想教育、宣传教育、公共财政等重要领域，影响到社会的各个方面，政府的参与是必不可少的。但是，网络公开课还是一个新生事物，很多应用还在试验中，出现的问题还需要进一步的了解，管得过严、过死，就会阻碍网络公开课的发展。因此，政府应有所为有所不为。

政府有所为主要应体现在：做好顶层设计、提供政策支持、鼓励试验、组织评估。在顶层设计方面，政府管理部门应思考我国网络公开课的战略问题，建立健全网络公开课开发、共享机制，出台网络公开课发展的指导思想、框架原则，规范网络公开课管理，厘清政府、高校、社会机构、教师、学习者的权利和责任。在提供政策支持方面，政府通过发布政策促进高等教育发展是常态化路径。国家应将网络公开课的建设纳入教育发展规划，政策上有一定的倾斜，财政上给予资金支持，加大投入网络公开课建设的资金比重，特别是重点支持经济欠发达地区的信息化教育基础设施建设，有效避免"数字鸿沟"问题。政府还可以通过服务外包的方式，引导一部分的社会力量参与网络公开课建设。在鼓励试验方面，网络公开课的建设和应用，需要在实践中不断摸索与尝试。政府主管部门应鼓励试验，特别是鼓励创新的试验。在组织评估方面，政府把评估权力下放，让专业的第三方评估机构来进行评估，以增加评估的信度和效度。

政府有所不为主要应体现在：不宜过早出台过多过细的规则、不宜过早强行推广、不宜一刀切。过早制定详尽的管理规则，会把创新扼杀在摇篮里。网络公开课的发展很快，出现了问题不可能一下子就找出症结。网络公开课的发展需要制定一些规则，但这些规则应是指导性的、框架性的，相对而言应粗放一些，以促进网络公开课的蓬勃发展。网络公开课可以大胆地进行试验，但需要认真总结和评估其在哪些方面做得好，哪些方面做得不好，有没有推广价值，值不值得推广。也就是说，推广应用应小心谨慎。我国众多高校参与到网络公开课的建设之中，各高校的情况存在较大差别，一刀切的政策，对网络公开课的发展是不利的。国家通过鼓励创新试验，高校根据本校的优势和特色，自主探索建设具有独特性的网络公开课。

（五）高校自主合作共建共享，名师深度挖掘课程资源

世界网络公开课共同的目标就是以优质教育资源为大众提供接受高等教育的机会，它以灵活多样的课程开发模式适应学习型社会多元发展的需求。网络公开课开发模式主要有三种：引进模式、合作模式和自主创新模式。

引进模式就是将国外优秀的网络公开课资源引入国内的机制。网络公开课作为开放教育资源运动的一种新形式，它不同于传统的课程资源开发理念和开发模式。网络公开课的成熟和发展需要有一个借鉴、吸收国外先进经验，逐步认同和接受的过程。引进模式体现在对网络公开课资源的引入、人才的引入以及理念和实践的引入上。如我国网易公开课就是这种模式。

合作模式就是不同教育机构合作创建、合作开发网络公开课的机制。

由于开放教育理念的兴起，不同的教育机构为了实现社会大众享有优质教育资源这一初衷，他们结成联盟共同开发网络公开课。如中国开放教育资源联合体把国外网络公开课及先进理念引入中国，不仅翻译了 500 门国外开放课程，而且还把 20 多门中国"精品课程"译成英文让世界共享。

自主创新模式是指教育机构独立创建开发有自身特色的课程资源机制。由于网络公开课涉及思想和价值输出，是思想和价值观走出去的有效形式，要想在世界网络公开课领域占有一席之地，就必须要有自己特色的东西。如西安交通大学的网络公开课《中国传统文化漫谈》就是属于这一模式。

目前，我国网络公开课建设正处于起步阶段，大多以引进国外的网络公开课为主，在了解和认同国外优秀网络公开课的理念和实践的基础上，进一步加强国际合作，不断积累经验，逐步走向自主创新模式，做大和做强国内网络公开课。

高校是网络公开课建设的主体。加强网络公开课建设既是高校改革教学内容、教学方法和教学模式，提高教学质量，培养创新型人才，促进内涵式发展的需要，也是高校打造学校品牌、提升学校声誉的有力举措。高校应结合自身的办学理念、办学特色，自主开发体现自身优势，质量高、品质好、有影响力的精品网络公开课。高校的主体作用在很大程度上表现为个性化、精细化、人性化的管理，做好学校网络公开课的设计，建立有效的管理机制。

高校自主开发网络公开课的同时，必须冲破狭隘的发展观，加强与兄弟院校的协同创新，探索高校之间合作、共建、共享机制。只有合作、共建、共享网络公开课，才能避免低效重复建设，实现双赢。网络公开课作为优质教育资源，是名师教育理念的创新，是名师教学科研成果的积累，是名师教学经验、教学艺术、教学风格的体现，是名师教学方法和策略的创新。因此，网络公开课建设需要名师以先进的教育理念为指导，结合学科的发展前沿和自己的教学科研，深度挖掘课程资源，分析学习者的学习特点，选择适切的教学策略，精心设置课堂环节，有效组织课堂讨论，注重学习者的体验和参与。

（六）精心设计学习支持系统

网络公开课的目标定位于满足学习者的个性化需求。学习者的学习方式以自主学习为主，体现学习者的积极性、主动性和能动性。网络公开课能不能激发学习者的内在学习动机，能不能提高学习者的学习质量和学习效率？这与网络公开课的学习支持系统密切相关。因此，建设"一站式服务"学习支持系统十分必要。"一站式服务"意味着学习者一旦进入网络公开课学习网站，他在学习过程中遇到的疑难问题就能够得到有效解决。

"一站式服务"学习支持系统主要包括两部分：问题理解和问题解答。问题理解部分的功能主要是分析和理解学习者提出的各种问题，明确问题是什么。问题解答的作用是依据问题的分析和理解向学习者提供正确的答案。通过"一站式服务"学习支持系统清除学习障碍，才能为学习者自主学习提供有力支持。

网络公开课一旦建成，还涉及后续的维护和更新。维护和更新的依据是网络公开课的实际运行情况。网络公开课的实际运行情况可以利用大数据分析和网络互动平台来了解。利用大数据掌握学习者的课程选择、在线学习时间和节奏、在线交流情况等，通过数据分析学习者的行为模式、学习习惯和学习方式，以便有针对性地调整课程内容和方法，适合学习者个性化学习。

利用网络互动平台主要有三个方面：一是高校之间的互动。高校之间分享课程建设成功的经验和失败的教训，有助于取长补短，弥补各自的不足。二是教师与学习者之间的互动。教师提供专门的网络公开课资源反馈和讨论区，学习者则会为之反馈一些意见及对问题的一些见解。三是学习者与学习者之间的互动。学习者在学习网络公开课之后，讨论与分享学习的心得体会，加深学习者的理解，为促进课程资源的更新提供有力的证据。网络公开课建设需各方互动、合作，共同打造精品网络公开课。

（七）教学内容更新，教学方式改革

国外优秀的网络公开课其内容无一不是突破单一学科结构的逻辑界线，进行多学科交叉融合，实现人文科学与自然科学的有机统一，提升课程内容的广度和深度，拓宽课程内容的受众面，以满足不同类型学习者的需求。如哈佛大学的"公正"课就是一个很好的例子，它融哲学、政治学、法学、伦理学和经济学等学科于一身。毫无疑问，这样的网络公开课无一例外受到了学习者的普遍好评。在国外网络公开课大受追捧的今天，建设有中国本土化特色的网络公开课显得尤为重要，它在一定程度上肩负着发扬我国优秀传统文化的重任，也在一定程度上为提升我国的文化影响力打下了坚实的基础。我国是四大文明古国之一，历史源远流长，绝大多数网友呼唤能体现我国5000年优秀传统文化和改革开放40多年来所取得的举世瞩目的伟大成就的网络公开课。这样的网络公开课既体现了多学科结构的融合，又体现了中国本土化特色，在世界网络公开课的大舞台上占据一席之地自然是水到渠成的必然结果。因此，我们要积极鼓励建设并花大力气建好这样的公开课。

国外网络公开课之所以受到国内学习者的欢迎，其中一个很重要的原因是教学方式新颖。如哈佛大学的《幸福课》课堂上，主讲教师泰勒·本·沙哈尔博士不断地向听讲者发问："我们可以不停地追问'为什么'，来反思自己所追求的东西：可以是大房子、升职或任何其他的目标。看看要问多少个'为什么'，才能落到'幸福'的追求上？问问自己，我做的事情，对我有意义吗？它们给我带来了乐趣吗？我的内心，是否鼓励我去做不同的尝试？是不是在提醒我，需要彻底改变目前的生活？"一连串的发问，不仅点燃了每个学习者的求知欲，而且叩击了他们的心灵。无独有偶，麻省理工学院72岁的物理学教授瓦尔特·勒温在授课时，为了

证实钟摆的周期与吊挂物体的质量无关，曾躺在从天花板垂下的吊索上，让自己像钟摆一样摆荡。"各位请看，这可是钟摆之母。"接着他在讲台上荡来荡去，然后喊道："物理学果然不假！"教室立刻爆出欢呼声，这段画面也通过网络传遍全世界。这样独特、新颖、富有创意的教学方式，学习者的热情怎能不高呢？借鉴国外的成功经验，我国网络公开课建设需要改变过去注重讲解的教学方式，一味地进行填鸭式、灌输式的教学，使学生陷入了被知识奴役的处境，丧失了鉴赏知识、批判知识和发现知识的信心、勇气和资格。因此，教师要敢于采用问题讨论教学、创新教学、探究教学等新的教学方式，使学习者摆脱传统知识观的钳制，走向对知识的理解与建构，批判性地学习知识，提升我国网络公开课的生命活力。

（八）创新学分认定和学分管理制度

如果学习者投入一定的时间和精力自觉学习网络公开课，完成了课程任务并通过了课程考核，那么他能获得什么样的评价和证明呢？这就涉及网络公开课学习成果的认证问题。教育部在《关于加强高等学校在线开放课程建设应用与管理的意见》中明确提出要"推进在线开放课程学分认定和学分管理制度创新"。这说明在线课程学习成果的认证问题得到了国家的高度重视。当下网络公开课学习成果的认证主要包括：非学分认证和学分认证。非学分认证有课程证书认证、自我认证和项目证书认证三种方式。学分认证是将网络公开课的学习结果认定为大学学分。对于网络公开课非学历学习者的非学分认证基本能满足其需求，而对于学历教育的学习者，学分认证还存在诸多的障碍。其中最主要的障碍是高校学分管理制度。目前高校学分管理制度主要是针对在校大学生面对面的学习，学习者考核通过，给予相应的学分，却没有将在线教育纳入高校学分认定范围之内。因此，在"互联网＋"时代，混合式教学、翻转课堂日益受到高校重视的情况下，探索改革高校的学分管理制度显得尤为迫切。高校可以借鉴国内外的经验，如美国教育委员会通过了5门慕课学分认定申请，并鼓励美国高校和社会大众接受慕课学分。国家开放大学已经实行学分银行制度。因此，我国普通高校可以试点实行网络公开课学分银行制度。学习者成功学完网络公开课，就可以进行学分认定、学分积累和学分兑换，如果一旦达到高校学位授予的资格，甚至可以申请授予相应的学位。

网络公开课作为高校课程建设的一种新的探索方式，对于促进我国高等教育教学观念转变、教学内容更新和教学方式改革，积极探索优质教育资源建设与共享新模式和新机制，构建创新人才培养新模式、新方式，发挥高校文化传承创新功能，推动我国文化发展繁荣，建设文化强国，构建学习型社会等，都将发挥重要的示范作用。网络公开课建设是一个系统工程，其建设之路任重而道远。

第五节　学习性评价设计

《国家中长期教育改革和发展规划纲要（2010—2020年）》明确指出，教育改革发展要"坚持能力为重，着力提高学生的学习能力、实践能力、创新能力"。在纲领性文件中，对学生能力提出明确要求，说明国家对学生能力培养的高度重视。学校教育的目的是要实现理论学习与实践应用的最终统一，即学习者通过学习活动能掌握适应社会、改造社会，进而推动社会进步的能力。但是，在教学实践中，重知识轻能力、重理论轻实践的教育现象仍然普遍存在，学习者获得的仍然是孤立的、与现实相分离的、不具实际效用的惰性知识，缺乏必要的问题解决技能与能够灵活运用的活性知识，即缺乏需要借助深度学习才能获得的知识与技能。深度学习是一种积极、主动的学习方式，学习者在理解知识的基础上，能够批判性地学习新的思想和事实，并把它们融入原有的认知结构中，能够在众多思想间进行联系，并能够将已有的知识迁移到新的情境中，做出决策和解决问题的学习。① 深度学习强调积极主动的自主学习，而不是消极被动的他主学习（被动学习）；强调新旧知识之间的有机联系，而不是孤立存在的知识碎片；强调活学活用的有意义学习，而不是死记硬背的机械学习；强调探索创新的探究性学习，而不是一味认同的接受性学习。

学习评价是学校教育评价的主要组成部分。学习评价的目的在于改进学习实践，而这种实践是旨在"支援学习"的。但是，在学习评价实践中，注重的是"学习的评价"（assessment of learning），即对学习的成效做出价值判断的活动。评价的目的是甄别和选拔，而不是促进学习和改善表现；评价标准是预设的，而不是生成的；评价所关注的是学习结果，而不是学习过程；评价注重纸笔的考试和测验，而不是真实的任务和持续的反馈。这使得许多学生只是"为分数"而学习，评价在很大程度上丧失了反馈、促进学习和改善表现的功能，成为教师强迫学生学习的手段，成为学生之间激烈竞争的根源，不利于学生创新意识、创造性思维和创造能力的培养，不利于学生深度学习。正是在反思"学习的评价"基础上，"学习性评价"（assessment for learning）应运而生。在美、英、加、澳、新西兰和日本等发达国家中，教育研究者和教育决策者推崇"学习性评价"②，十分重视其对学生深度学习的作用。

一、学习性评价的内涵

学习性评价是 20 世纪 90 年代中期以来，在形成性评价的基础上发展而来的一种新形式。不同的专家和机构，对学习性评价做出了不同的界定。英国权威专家布莱克和威廉（Black and Wiliam）认为：学习性评价是

---

① 何玲，黎加厚. 促进学生深度学习 [J]. 计算机教与学，2005（5）：29-30.
② HARGREAVES A，EARL L. Perspectives on Alternative Assessment Reform[J]. American Educational Research Journal，2002，39（1）：69-95.

指其设计与实施的首要目的在于促进学生学习的任何评价。① 英国评价改革小组（Assessment Reform Group）则认为：学习性评价是寻求与解释证据，让学生及其教师以此确定他们当前的学习水平，他们需要追求的学习目标以及如何达到所要追求的学习目标的过程。② 澳大利亚评价专家认为：学习性评价承认评价应当发生于正常的教学过程之中，从评价活动中获得的信息可以用于促进教学过程。③

　　从上述界定中可以看出学习性评价的一些基本要素：第一，清晰的目标和标准。教师与学生协商确立清晰的学习目标和学业成功的标准，使学生清楚地了解要学什么。另外，这些目标和标准又是用行为动词加以阐述的，也使学生清楚地知道要证明自己的学习该怎么做。如"知道并辨认出"音乐作品并且"能演奏"这些作品。第二，真实性任务。学习性评价关注联系学生实际的真实性操作任务。学生一入学，就设计这样的任务，就像在球技训练中要为6岁儿童设计复杂的棒球游戏一样。其目的是使学生从根本上理解和掌握全部的操作，从而懂得各项单项技能和知识的用途和联系。第三，有力的证据。学习性评价要求学生提供体现自己学习成就的作品，以判断学生学习的情况。具体包括如何收集学生现有水平及怎样改进的证据，这种证据可以来自观察和课堂互动，也可以是其他更为确凿的证据，如学生学习作品等。第四，有效的反馈。学习性评价关注给予及时、有效的反馈。反馈不仅是有用的，而且是每次完整的学习的核心部分。因为，学生的学习和成长是循序渐进的，需要学生在不断的试误中，持续寻求反馈、接受反馈、利用反馈，做出自我评价和自我调整，逐步走

---

① 丁邦平. 从"形成性评价"到"学习性评价"：课堂评价理论与实践的新发展 [J]. 课程·教材·教法，2008（9）：20-25.

② 王沁艳，丁邦平. 学习性评价：理论与实践的对话 [J]. 全球教育展望，2009（9）：47-51.

③ 王沁艳，丁邦平. 学习性评价：理论与实践的对话 [J]. 全球教育展望，2009（9）：47-51.

上成功。

学习性评价不是有效教学的附属品，相反，它是有效教学的中心。教学过程中始终伴随着积极的评价才是最有效的教学。在教学实践中，教师要时时、处处考虑如何通过学习性评价促进自己有效教学，促进学生有效学习。因此，教师在教学实践中"要督促学生确立学习目标和达成关于评价标准的共识"；"要设计真实性操作任务"；"要考虑到学生动机的重要性"；"要给予学生如何取得进步的建设性指导"；"要为学生提供有效的反馈"；"要让学生主动参与实践教学，进行深层次互动"；"要不断调整教学，适应学生学习的需要"；"要培养学生的自我评价能力，以便其进行反思和自我管理，并懂得如何改进学习"。

学习性评价不是对学习活动进行价值判断，而是对学习活动做出事实判断。以便于学生了解自己的学习状况，明白存在哪些优势和不足，离目标还有多大的差距，应该采取什么样的策略实现学习目标，即确定学习当前在哪里（where），应该走到哪里（where），以及如何（how）更好地到达那里。由此可见，学习性评价其主要目的是为了促进学习和改善表现，提高学生批判性和创造性思维水平和能力，从而指向学生深度学习。

学习性评价的基本特点包括以下方面。

第一，教育性。教育性主要指学习性评价对学生的学习和成长具有的教育意义和发展价值。学习性评价以促进学习和改善表现为主要目的，关注所有学生的所有学习领域，而不是少数成绩好的学生，或者仅仅是学生的认知发展。它不仅着眼于学力的显性侧面——知识、理解、技能等认知侧面，以提高学生的学习成绩和实践操作能力，而且着眼于学力的隐性侧面——态度、兴趣、价值观等情感侧面，以帮助学生明确学习责任，激发学习动机，提升学习意志，形成正确的价值观，还着眼于思考力、判断力、表现力之类的高级的综合性能力侧面，以促进学生深度发展。学习性评价的教育性反映了当前世界各国教育评价改革和发展的趋势——从关注纸笔测验为中心"显性学力"的评价，转向关注"隐性学力"的评价。

　　第二，自主性。自主性主要指学生既是学习的主体，又是评价的主体。一方面，学生能积极主动地确定学习目标、制定学习方案、选择学习策略、监控和反思学习过程，进行自我调节的学习；另一方面，学生能积极主动地开展自我评价和同伴互评，学会评价的方法，养成良好的评价能力，并依据反馈信息改善学习表现。相关研究证明：评价是一个对不同背景下的学习过程都有积极影响的有效手段。学习者参与评价能帮助学习者理解评价标准，支持学习者完善学习作品，通过评价同伴作品进行学习，以更广泛的视角思考反馈意见，发展评价技能。由此可见，学习性评价把思考问题的视角完全转移到了学习和学生之上，更加突出了学生的主体作用，有效地把评价和学习紧密结合于学生一身。恰如美国评价专家所说，评价和学习是一枚硬币的正反两面⋯⋯当学生参与评价时，他们应能从这些评价中学到新东西。①

　　第三，真实性。真实性主要指评价环境和评价任务尽可能接近现实，以便能了解学生把所学的知识和技能用于实际的真实表现。学习性评价必须关注真实性的评价环境和评价任务，以评价学生是否具有有效地使用知识、技能来完成复杂任务的能力。因为它们可以提供正确的方向、知识的一致性，以及时刻保持着发展知识和技能的动机。

　　第四，反馈性。反馈性主要指在评价过程中要给学生提供获得和利用可了解自己表现的机会，从而能不断地根据评价目标对自我表现进行自我评价和自我调整。反馈不仅应该出现在学习之后，而且应该出现在学习性评价活动期间（从始至终）。有效的反馈能给学习者提供准确信息，使其为了深度学习不断做出自我调整，突出体现了学习性评价是为了改善学习，而不是审计学生的表现。

---

① ARG. Assessment for Learning： Beyond the Black Box[R]. University of Cambridge， UK： Assessment Reform Group， 2002-3-16.

二、学习性评价与自主学习

深度学习实质是一种自主学习、有意义学习及探究性学习。学习性评价是一种为了学习的评价，是为促进学习和改善表现服务的。它在促进学生自主学习、有意义学习及探究性学习等方面具有重要意义，这与深度学习的实质是不谋而合的。

传统的学习评价以教师为评价主体，不重视学生参与评价过程。在这样的评价中，学生的身份类似"被告"，教师的身份好像"法官"。学生完全处于被动的地位，学习的积极性和主动性不但得不到发展，反而受到压抑，造成学习的依赖性愈来愈强。而学习性评价重视学生参与到评价活动中，学生既是评价的主体，也是学习的主体。这不仅有助于学习者激发学习动机、培养学习兴趣、树立端正的学习态度、明确学习责任，由消极的"不愿学"转变为积极的"我想学"；而且有助于学习者与教师协商制定学习目标和学业成功标准，明确需要达到的学习目标与他们当前知识、理解与技能实际水平之间的差距，采用适合自己的学习策略，自我调节学习进程，逐步实现学习目标，由被动的"让我学"转变为主动的"我要学"；还能鼓励学习者积极开展自我评价和同伴互评，反思学习进程，及时发现问题，并针对存在的问题，表达自己的观点和想法，促进学习者之间的交流与合作，消除评价对象之间可能出现的对立情绪，使评价结论更容易为评价对象所接受，降低学习抵触情绪，提高学习兴趣，提升学习动力，由竞争的"排他"转变为合作的"共享"。因此，在学习性评价活动丰富的课堂上，可以看到教师主要不是在直接地教，而是在创造各种各样的学习与评价的机会让学生自主学习和合作学习，让学生以自己的认知方式表现自己对学习内容的理解，让学生发表自己对所学习的问题的原初的观点、相互切磋和合作建构，并以此为基础促进学生的观念转变与发展。①

　　传统的学习评价重视学习结果，以甄别和选拔为主要目的，具体做法就是按照学生的学习成绩给学生贴上标签，并从中选拔出所谓的优秀学生进一步培养。这造成学生为了追求好成绩，不惜死记硬背，进行机械学习。在这样的评价中，学生考得好、分数高就是好学生，评价的重点不在于通过评价发现大多数学生学习过程中出现的各种问题，以及怎样解决这些问题，是一种"去问题化"的评价。而学习性评价是为全体学生的学习服务的，它关注真实性任务，让学生在探究性实践活动中发现问题、分析问题、解决问题。在这样的评价中，学生的问题意识、推理能力、问题解决能力是考查的重点。正是在基于问题解决的过程中，学习性评价使学习变得深入和有意义。恰如乔纳森指出，教育的未来应该将焦点放在有意义的学习上，教育的重要内容是让学生学会怎样推理、决策和解决生活中随处可见的复杂问题。当人们在场景中解决问题时，他们在进行有意义的学习。因为参与问题解决的学习者往往会以主动的、建构的、合作的、真实的、有意图的方式开展学习活动。②

　　传统的学习评价重视正式的考试和测验，主要考查学生对知识的掌握程度，注重学生认知能力的发展，而不重视课堂内部的观察、提问、探究、反馈等，脱离了学生的实际。在这样的评价中，学生批判质疑的反思性思维、问题解决的探索创新能力得不到有效的锻炼。而在学习性评价中，观察、提问、探究活动、反馈等则成了主要的评价方法。例如，真实性任务，特别是需要探究的真实任务，需创造性使用知识和判断才能完成，毫无疑问有利于学生创新意识、创造性思维、创造能力、信息整合能力的培养；又如反馈，能促成学生不断反思学习活动中所涉及的知识、方

---

① 丁邦平.从"形成性评价"到"学习性评价"：课堂评价理论与实践的新发展 [J]. 课程·教材·教法，2008（9）：20-25.

② 贾义敏.学习的未来：学会解决问题：戴维·乔纳森教育技术思想研究 [J]. 现代教育技术，2009（3）：5-9.

法、思路、策略等，在考察学习经历中探究其中的问题和答案，重构自己的理解，激活个人的智慧，并在学习活动所涉及的各个方面的相互作用下，产生超越已有信息以外的信息[①]，有利于学生改善学习策略，提高他们的学习能力，培养他们的创造力，促进他们的全面发展。

三、学习性评价设计

在学习性评价丰富的课堂上，学习性评价作为课堂教学的中心，能有效促进学生自主学习、有意义学习及探究性学习，最终指向学生的深度学习。那么，在教学实践中，如何具体设计和实施学习性评价促进学生深度学习呢？

（一）探究性实践活动设计，培养学生问题解决能力，促进探究性学习

在教学实践中，学生进行探究性实践活动，既是知识生成的过程，也是发现问题、分析问题、解决问题的过程。因此，探究性实践活动不仅是培养学生问题解决能力的有效方式，而且是一种学习性评价方法。而要实现这一目的，首先，探究性实践活动必须是真实性的、与学生生活实际密切相关的任务；其次，探究性实践活动必须有挑战性、需要学生有效地使用知识和技巧解决的问题，甚至需要学生创造性使用知识解决的问题；再次，探究性实践活动必须有思辨性，以利于学生思维能力的发展，尤其是逻辑思维能力和批判思维能力的发展。

通过探究性实践活动进行探究性学习，既需要教师的设计与指导，又需要学生的主动参与及反思。从提高探究性学习质量出发，探究前，教师精心设计贴近学生实际能够解决学生困惑的、有意义的探究性实践活动，同时，注重创设问题情景，激发学生的好奇心，促使学生乐于探究；

---

① 郑菊萍. 反思性学习简论 [J]. 上海教育科研，2002（8）：43-46.

探究中，教师引导学生亲历探究过程，通过提问促进学生思考，给学生自主探究提供机会和空间，让学生自己建构、探索知识，体验探究性实践活动的过程和方法，学会解决问题；探究后，教师鼓励学生总结探究活动及成果，尽可能多地让学生展示自我，展现探究的成果，给予学生有效的反馈，促进学生完善。

（二）通过提问，引发学生思考和讨论，促进有意义的学习

在教学实践中，提问既是常用的一种教学方法，也是一种学习性评价的方法。在学习性评价丰富的课堂上，教师通过提出一些问题，激发学生的学习兴趣，引发学生进行创造性思考，带动大多数学生参与讨论，依据讨论的情况，了解学生对所学内容的掌握情况和理解程度。在此基础上，教师综合考虑各方面的反馈信息，适当调整教学过程或策略，深化学生质疑批判的思维能力培养，以促进学生真正学会思考和讨论。

课堂提问是一门学问，又是一门艺术，恰当的提问可以引发学生积极思考，及时发现自身的不足，使教学信息得到有效反馈，并能提高学生的语言表达和观察等多方面的能力。从促进学生的创造性思考、深化课堂讨论的角度出发，教师可以依据教学内容有针对性地精心设计一些开放性问题，并采用"以人为中心"的提问方式，提高学生思考和讨论的质量。因为，开放性问题允许学生从不同角度阐述观点，学生的思考和讨论往往能够向纵深层次发展，显然不同于简单的、封闭性问题，学生不用思考就能回答，结果，课堂上师生互动热烈，但学生的思考和讨论往往停留在问题的表面。另外，学生之间在思维方式和反应速度上是有差别的，有些学生思维反应比较灵敏，但也许考虑问题不周全，而有些学生思维反应比较慢，但也许适合于深度思考，对问题的把握也许更到位。因此，老师也要注意到学生之间的差异，在提问后应该给学生留有一定思考的时间，通过增加"等待时间"进行学习性评价，而不是即问即答，让一

些学生措手不及。[①]

（三）通过反馈，改进学生表现，促进自我调整的学习

反馈是学习性评价中不可分割的组成部分。反馈主要指关于学生做过什么的信息，是根据学生的行动、意图与结果，对现实表现与理想表现进行比较得出的。许多教育工作者误解反馈就是多表扬、再来一点批评和建议。在课堂上，最普遍的反馈就是"做得好""很棒"或者类似的表达方式。表扬是重要的，能够鼓励学生，但它却不能帮助学生改进他们的表现。反馈能够告诉学生做了什么，或者没做什么，可以让学生作自我调整，从而改进他们的表现。

反馈是否有效影响着自我调整的学习。为此，有效的反馈应该是描述性的，根据目标和标准非常具体地、直接地描述学生做过什么，以利于学生得到清晰的、可利用的实际结果。有效的反馈还应该是及时的、连续性的，以利于学生利用反馈信息缩小意图与行为结果的差距，进行自我调整的学习。

（四）通过电子学档，记录学生学习的过程及成就，促进自主学习

电子学档是开发者运用电子技术以多种格式（文本、图像、视频和声音）收集能够展示学生的努力、进步和成果的作品。[②]它的一个重要特点就是它需要不断地更新，以便及时反映学生的进步、努力和成就。因此，电子学档不仅是促进学生学习和发展的有效工具，而且是进行学习性评价的有效途径。

---

① 丁邦平. 学习性评价与课堂教学改革：以《科学》课评价为例 [J]. 中国教育学刊，2005（11）：48-51, 58.

② BARRETT H. Create Your Own Electronic Portfolio [J]. Learning & Leading with Technology，2000（4）：15-21.

在教学实践中，运用电子学档能较全面反映学生参与的各种学习活动，记录学生学习的过程及成就。因为，电子学档可作为展现学生成长过程的橱窗，可作为展现学生学习成就的橱窗，可作为学生自我评价和自我调整的证据，可作为一种为记录存档而收集的学生作品全集，可作为反映学生随时间变化而变化的不同表现和不同作品的大样本。[①]

学生创建电子学档的过程也是其自主学习的过程。基于电子学档的学习，是以任务和项目为导向，是一种面向过程的自主学习。这种学习范式借助电子学档模块，运用电脑和网络数字化技术，以促进学生多元能力发展为最终目标。在整个学习过程中，学生围绕电子学档的构建，自我设定学习目标，自我设定实现目标的手段，自我展开实现学习目标的活动，自我确定电子学档的模块，自我管理知识，自我监控学习过程，自我评价学业，自我反思学习效果。学生通过不断自我修改、评估、补充、完善电子学档，最终获得一个融入信息技术的，可用于参照、反思和评估的电子作品。

学习性评价作为促进学习和改善表现的评价。在教学实践中，学习性评价是学习，是学生自主建构知识的过程，是学生全面发展的过程。学习性评价也是探究，是学生创生知识的过程，是学生创造性解决问题的过程。学习性评价还是反馈，是学生深层次理解的过程，是学生自我调整的过程。所以说，学习性评价的旨趣在于深度学习。

---

① 威金斯 . 教育性评价 [M]. 国家基础教育课程改革"促进教师发展与学生成长的评价研究"项目组，译 . 北京：中国轻工业出版社，2005.

第四章　师范生应用网络日志
自主学习的个案研究

《国家中长期教育改革和发展规划纲要（2010—2020年）》明确指出，加快教育信息化进程，创新网络教学模式，强化信息技术应用，提高教师应用信息技术水平，更新教学观念，改进教学方法，提高教学效果，鼓励学生利用信息手段主动学习、自主学习，增强运用信息技术分析解决问题能力。在纲领性文件中提出应用信息技术支持教与学，说明国家对教育信息化问题的高度重视。然而，当前我国高师教育教学仍然以传统的"讲授－接受"模式为主，信息技术手段在教学中没能得到充分运用，造成大学生缺乏信息素养，不能有效应用信息技术手段进行自主学习。网络日志是20世纪90年代出现的一种以网络为媒介的个人叙事、反思的出版方式。它在教育领域的应用，实质上是网络化电子学档，不仅代表着一种学习方式，也代表着一种评价方式。基于此，笔者设计了基于网络日志的教学模式，并付诸教学实践。同时，对大学生应用网络日志自主学习的情况，进行跟踪与记录，通过问卷调查和个案分析，检验其应用效果，并针对存在的问题，提出适切性的解决策略，以期为我国高师教育信息化进程做出微薄的贡献。

第一节　设计与实施

一、研究设计

（一）研究目的

本研究对大学生应用网络日志自主学习的情况，进行跟踪与记录，通过问卷调查和个案分析，检验其应用效果，并针对存在的问题，提出适切性的解决策略。

（二）研究方法

本研究主要采用问卷调查法、个案研究法了解大学生应用网络日志自主学习的效果。其中问卷调查法是指在基于网络日志的教学模式下，对大学生应用网络日志自主学习的情况进行问卷调查和访谈，收集相关信息。个案研究法是指对一个团体、一个组织或一个个人以及一个事件进行详尽的调查研究的方法。个案研究的目的有两个：一是对个案进行广泛深入的考察；二是发展一般性理论，以概括说明社会结构或过程。① 本研究选取斌婕同学的网络日志为研究个案，对其进行了详细的跟踪和记录，并分析其自主学习的发展阶段。

（三）研究对象

问卷调查以某师范院校 2008 级小学教育专业的 77 名学生为研究对象，其中男生 12 人，女生 65 人。个案研究以斌婕同学的网络日志作为样本。实验时间为一学期 16 个学周。

（四）研究设计

本研究设计基于网络日志的教学模式，并付诸教学实践。它是在建构主义理论指导下，以网络日志为教与学的平台，以面对面教学（理论学习、视频案例、同伴教学）和在线学习（主题研讨、课题研究）为基本模块，以学生自主学习为中心，以培养学生的自主学习能力和教学实践能力为目标的教学形式。它有四个基本要义：一是以建构主义教学理论为基础，强调教学不仅仅是传递知识，而是创设一定的环境和支持，促进学习者主动建构知识的意义；二是以学生的自主学习为中心，充分发挥学生学

---

① 梅雷迪斯·D·高尔，博格，乔伊斯·P·高尔.教育研究方法导论（第六版）[M]. 许庆豫，等译.南京：江苏教育出版社，2002.

习的自主性、能动性和创造性，培养学生的自主学习能力，促进学生深度学习；三是理论学习和实践应用的统一，突出培养学生应用理论知识解决现实问题的能力，帮助学生获得教学的实践性知识；四是依据网络日志进行学习性评价，促进学生今后的学习和发展。

二、研究实施

主要包括三个阶段：准备、实施、反思评价。

（一）准备阶段

教师阐明信息技术对教与学的意义，引入网络日志。在第一次上课时，教师向学生清楚阐明信息技术对教与学的重要影响，详细介绍本学期的教学模式、教学安排及考核依据，要求学生按照3～5位同学的规模组建学习小组，并创建网络日志，作为记录学生学习过程、展示学习成果、互动交流、反思评价的平台，也作为学生互相学习、借鉴的资源。同时，针对少数存在技术困难的学生，提供必要的帮助指南。

（二）实施阶段

每个小组根据自己的兴趣和实际情况，选择适合的研究课题，要求学生共同协商制订研究课题的计划（如组长、成员、分工、研究设计等），每个学生明确自己的职责。任务分工后，进入自主学习阶段，每个成员各司其职，查阅文献资料，进行调查访问，通过对搜集信息的分析、处理和综合，找到研究的视角，提出有创新性的观点，然后分析论证，形成研究报告。在课题研究过程中，学生会遇到各种各样的问题或困惑，学生可以利用多种互动方式（如面对面交流、电话、QQ群、网络日志留言、电子邮件等）与教师进行交流，以便教师及时了解学生自主学习的进展情况，适时给予指导。在此阶段，不仅要求学生小组内部互相交流，而且鼓励小组之间进行交流、互动。学生完成课题研究后，需进行同伴教学，向教师和全班同学汇报研究的过程及成果。

（三）反思评价阶段

如何评价学生是否具备自主学习能力？我们主要采用 Zimmerman 教授的观点。他认为自主学习（self-regulated-learning），又称自我调节的学习，是指学习者自觉确定学习目标、选择学习方法、监控学习过程、评价学习结果的过程。[①] 他认为确定学生的学习是不是自主的，依据学生在面临学习任务条件时能否选择参与、选择方法、控制时限、控制学习结果、控制物质环境、控制社会环境这六个标准来判定。从本质上讲，自主学习的动机应该是内在的或自我激发的，学习的方法是有计划的或经过练习已达到自动化的，学习的时间是定时而有效的；自主学习的学生能够意识到学习的结果，并对学习过程做出自我监控；他们还能够主动营造有利于学习的物质和社会环境。[②] 如何评价学生提交的学习作品？我们主要采用学习性评价，即寻求与解释证据，让学生及其教师以此确定他们当前的学习水平，他们需要追求的学习目标以及如何达到所要追求的学习目标的过程。它贯穿课堂教学的全过程，是其有机组成部分。实施学习性评价的立足点不是为了促进学生之间的竞争，而是要关注每位学生个体化的、长期的发展。[③] 学习性评价其目的在于更好地促进大学生的学习和成长，而不是用来鉴定优劣、划分等级。在评价主体上，采用多元评价，即教师评价、自我评价和同伴互评相结合。在评价的结果的使用上，学生的评价结果并不等同于学生当前的学习水平，而是用来促进学生进一步认识自己，

---

① 庞维国.90 年代以来国外自主学习研究的若干进展 [J]. 心理学动态，2000（4）：13-17.

② SSHRUNK D，ZIMMERMAN B J. Self-regulation of learning and performance [M].Hillsdale, NJ: Lawrence Erlbaum Associates，1994.

③ 王沁艳，丁邦平.学习性评价：理论和实践的对话 [J]. 全球教育展望，2009（9）：47-51.

了解自我，完善自我，从而促进学生的深度学习和未来发展。

三、大学生应用网络日志自主学习的效果分析

为了全面了解大学生应用网络日志自主学习的效果，本研究通过问卷调查和个案分析考察了学生对基于网络日志的教学模式及其自主学习的感受与建议。发放问卷 77 份，回收 77 份，有效问卷 72 份，回收率 100%，有效率 93.50%。

（一）大学生应用网络日志自主学习的调查问卷分析

问卷调查主要从大学生对网络日志这一学习平台的认同、使用情况、学习效果等几个方面进行考察。

表 4-1　学生对网络日志的认同

问题 1	你认为网络日志是否有助于自主学习				
选项	很有帮助	有帮助	一般	帮助少	没有帮助
人数	13	39	9	6	4
比例	18.05%	54.16%	12.50%	8.33%	5.56%
问题 2	你认为应用网络日志自主学习是否让你更明确了学习的责任				
选项	是的		不知道		没有
人数	63		6		3
比例	87.50%		8.33%		4.17%
问题 3	你认为应用网络日志自主学习是否有助于监控学习过程				
选项	是的		不知道		没有
人数	59		9		4
比例	81.94%		12.50%		5.56%

从表 4-1 可以看出，大部分学生对网络日志这一学习平台是认同的。因为，网络日志作为网络化电子学档，能真实地记录和展示学生的学习过程及成果，激发了学生学习和表达的欲望，有助于强化学习动机，合理确定学习目标，明确学习责任，有效调节和控制学习过程，而这一结果与判定自主学习的标准是一致的。

表 4-2　学生发表网络日志的情况

问题 4	你们小组发表过几篇网络日志作品			
选项	10 篇以上	6～10 篇	1～5 篇	0 篇
人数	15	26	31	0
比例	20.83%	36.11%	43.06%	0
问题 5	你认为基于网络日志的教学模式是否为你提供了丰富的学习资源			
选项	丰富	较为丰富	一般	没有
人数	15	37	16	4
比例	20.83%	51.39%	22.22%	5.56%

从表 4-2 中看出，在教师的明确要求下，同学们选择课题进行研究，都发表了自己的研究报告，展示了研究的过程及成果，并成为其他同学学习的资源。但有 43.06% 同学只发表了 1～5 篇网络日志，之所以学生发表的网络日志不多是由于很大一部分学生还没有真正融入这种教学模式，采取一种观望的态度，这说明学生的积极性还有待提高。

表 4-3　学生应用网络日志的互动情况

问题 6	你对同学的网络日志发表过几次点评			
选项	4 次以上	3～4 次	1～2 次	0 次
人数	20	35	13	4

比例	27.78%	48.61%	18.05%	5.56%
问题 7	你认为基于网络日志的教学模式采用不同的交流方式，是否加强了师生、生生互动			
选项	是	一般	否	
人数	60	8	4	
比例	83.33%	11.11%	5.56%	
问题 8	你认为基于网络日志的教学模式采用不同的交流方式，讨论是否更全面、更深入			
选项	全面、深入	较全面、较深入	一般	不全面、不深入
问题	12	20	26	14
比例	16.67%	28.57%	36.11%	19.45%

从表 4-3 可以看出，基于网络日志的教学模式采用不同的交流方式（面对面交流、QQ 群、电话、电子邮件、网络日志留言、短信息等），有 83.33% 的同学认为加强了师生、生生互动，11.11% 同学认为一般，仅有 5.56% 的同学认为没有，之所以比例高是因为不同的交流方式满足了不同个性学生的需要，特别是对一些比较内向的学生，不善于面对面交流，更喜欢在线交流。而对讨论是否更全面、更深入，有 36.11% 的同学认为一般，有 19.45% 的同学认为不全面、不深入，这表明有相当一部分同学的点评和交流处于浅表层面，离深度学习、协作知识建构还存在一定的差距。

表4-4　学生应用网络日志的学习效果

问题9	你认为应用网络日志自主学习是否有助于反思实践				
选项	很有帮助	较有帮助	一般	较少帮助	没有帮助
人数	12	30	15	11	4
比例	16.67%	41.67%	20.83%	15.28%	5.56%
问题10	你认为基于网络日志的教学模式是否有助于获得教学实践性知识				
选项	很有帮助	较有帮助	一般	较少帮助	没有帮助
人数	15	40	17	10	0
比例	20.83%	55.56%	23.62%	13.89%	0

从表4-4中可以看出，学生普遍认为基于网络日志的教学模式有助于获得教学的实践性知识。因为课堂形式多样，教学视频观摩为借鉴优秀教师的成功经验提供了方便；同伴教学突出了学生的教学实践，锻炼了教学技能；课题研究注重解决教育现实问题，加强了教育理论和实践的联系。但有20.83%的同学认为反思实践一般，15.28%的同学认为较少帮助，5.56%的同学认为没有帮助，这说明学生还没有养成反思实践的习惯，需加强反思能力培养。

（二）个案展示

斌婕同学的网络日志是一个良好的网络电子学档，是本研究特定跟踪和记录的一个样本。她的网络日志分为五个部分：名著品读，课程学习，教学实习与反思，作品鉴赏，个人心语。

1. 名著品读

这部分包括《大教学论》《帕夫雷什中学》《爱的教育》《教育漫话》《童年的秘密》《理想国》《政治学》等。例如：

品读夸美纽斯之《大教学论》

《大教学论》全书共 33 章，每一章包含的篇幅较少，但是却涵盖了整体教育的内容，并且奠定了今日分科教学法的基础。它的出版标志着教育学成为一门独立的学科，第一次从哲学中独立出来，是西方教育史上第一部体系完整的教育学著作，其地位不可低估。

夸美纽斯在开篇就给出本书写作的目的："寻求并找出一种教学的方法，使教员因此可以少教，但是学生可以多学；使学校因此可以少些喧嚣、厌恶和无益的劳苦，多具闲暇、快乐和坚实的进步……"在整本书中，他从人类自身开始，论述了人类的本质、终极目标，以及为达到这一目标必须借助教育这一手段，进而过渡到学校，论述学校的必要性。之后，从学校的硬件设施、学校的普及型、学校教学工作的基本组织形式、各级学校的课程设置，再到教学原则、教学方法、教学制度、学校纪律、道德教育、宗教教育、艺术教育和体育等各个方面分别给出详细论述。这便是《大教学论》一书的基本框架结构。

教学论是教学的艺术，而"大教学论"就是"把一切事物教给一切人们的全部艺术"。人是造物中最崇高、最完善、最美好的，人今生的存在只是为了未来做准备，为未来的生活预备各种有用事情。所以，若想更好地追求人类的终极目标，则必须具备学问、德行与虔信。

此外，夸美纽斯主张当人犯错的时候，要给他改正的机会，因为"谁也不能野到不能驯服的境地，只要他肯耐心地倾听教导与知识。""人是一个可教的动物"，只要我们耐心教育，善于点亮他内心的那盏灯，让其从内心开始去发现世界的美好，那么他才会回归正道，进而变得博学、理性，变得遵纪守法。

"一株果树能从自己的树干上自行生长，而一株野树则在经过一个熟练园丁的种植、灌溉与修剪以前，是不会结出甜美的果实来的，同样，一个人可以自行长成一个人形，但是若非先把德行与虔信灌输到他的身上，他就不能长成一个理性的、聪明的、有德行和虔信的动物。"这就体现了教育的重要作用。想要培养一个品性高尚、博学多识的人，需要在他最合适的时候给予其教育，而少年时期最容易形成。作者认为，每一个青年人都应该受到共同的教育，"不仅有钱有势的人的子女应该进学校，而且一切城镇乡村的男女儿童，不分富贵贫贱，同样都应该进学校。"这就体现了他的普及教育思想，倘若青年的普及教育能够得以顺利实现，他们便谁也不会缺乏思考、选择、遵行和做出好事的材料。在此，夸美纽斯也特别提到了女性教育的重要性，"妇女美貌而无见识，如同金环带在猪鼻上。"（所罗门）女子和男子一样都应该进入学校接受教育，因为"她们具有同等敏锐的悟性和求职的能力（常常比男性还要强），她们能够取得较高的地位"。若想使普及教育得以进行，就必须具有统一的教学场所——学校。而全国乃至全世界各个地方的人们均需要得到教育，因此学校也应该如教育一样被普及起来。

在学校教育中，夸美纽斯提倡教导要以自然为鉴，遵循秩序，世界万物处在自己的位置，发挥自身的作用，并能彼此间相互协调，如此，世界才会得以正常运转。人类也要遵循秩序，饮食有控制，身体有运动，充分利用自然提供的休息机会，这样才会健康长寿。

夸美纽斯在提到有关学校教学原则时强调了三点：直观性原则、循序渐进原则、巩固性原则。在可能的范围内，一切的事物都应当尽量放到感官跟前。通过感官上的直接接触，可以让人们对事物有更为直接、清晰的认识。让学生在一定的时候只学一件事情，注重先理解后记忆，学习要有规律、有步骤、划分阶段地进行，"自然并不跃进，它只一步一步地前进。"同样，学习也需循序渐进。学习之后，若想将知识牢固地记住，必须不断地在实践中反复练习、巩固，具体可通过适当地温习、练习或者教导别人（"教导别人的人就是教导了自己"）等方式来巩固。此外，作者也论述了教与学的便易性原则（教育应尽早开始，由易到难，要在学生能接受的范围内）、彻底性原则（学习有用的科目，学习要首先引起学生的兴趣，学会用综合性的方法分析各门学科）、简明性与迅速性原则（每门学科只应该用一种书，一切无用的事物都要抛弃）。

夸美纽斯在书中对于教学方法、教学制度，学校纪律、各种教育形式等都给出了论证说明，强调了预防、实践、榜样、纪律等的重要作用。当然，书中还有很多重要细述，如，旧时学校"教导青年的方法通常都是非常严酷的，以致学校变成了他们的才智的屠场""许多富有天分的人，通通是给他们的教员毁了的。他们没有能力去管理或者指导自由的人，他们不是把学生当作马匹看待，是把学生当作驴子看待。"这不仅对当时学校的教育人员给予了告诫，也对今天的每一位教师具有启迪作用，以便日后重新调整自己的学生观。

当然，夸美纽斯所著的这本《大教学论》也并非十全十美。如，他提到"一个尚待学习的老年人是可羞而又可笑的；训练与准备是青年人的事，行动是老年人的事。"这一说法与我们今天所提倡的"终身学习"完全相违背，体现了他观点的局限性。又由于当时作者所处时代和阶级的限制，使得这本书让人起初读起来似乎在"布法"，因为全文的任何一个章节都不离"上帝"二字，体现了作者严重的宗教思想。即便如此，该书很多突出的观点还是值得我们借鉴的。所以，唯有取其精华，去其糟粕，这本世界著名的教育著作才能在实践当中真正为我们所用。

2. 教学实习与反思

这部分包括同伴教学的材料与反思、教学实习的反思、未来教师大奖赛的经历等。例如：

十三分钟后的反思

十三分钟的自说自演，让我深刻体会出何谓"台上十分钟，台下十年功"。为了能够演好自己在教学论课堂上的"十分钟"教师角色，我用了两周的时间去做PPT，包括资料的搜集、主题的替换、内容的编排、设想全过程的教学演讲等。当然，还包括电脑出现问题的时间耽搁、紧张心态的调整等等，这些暂不考虑在内。

我所讲的主题是有关《荷塘月色》里面一段内容的讲解：曲曲折折的荷塘上面，弥望的是田田的叶子……而叶子却更见风致了。首先，正式课前我运用了导入语，即先提出《背影》与《春》，引出作者，然后告知同学们老师所要说的另一篇文章，巧妙地过渡到中心内容。其次，我对作者做了简单的介绍，为同学们描述了作者写作的背景。再次，让同学们听音频，即这段内容的朗诵，同时让他们进行思考，为该段分层。接着，我通过提问与讲解的并重方式，按照文章的层次划分对里面的详细内容一一讲解。比如，"曲曲折折""田田""层层"等叠词的使用以及它的好处，文中的比喻、排比、拟人、通感等修辞手法的运用，文章每层的层意如何归纳，等等。最后，我对整个讲课内容做了简单的小结，并布置作业：让同学们回去后对所学内容"月下的荷塘"进行复习及对下次要讲的"荷塘上的月色"进行预习。这便是我整个教学过程。

讲课的时间约在三周前，然而直到现在才执笔反思，这期间也目睹了其他同学讲课的风格，与其对比，我发现了自己很多的不足之处。

首先，PPT的课件制作方面，简单、平俗，虽也插入了音频、图片、背景等，但在每张图片的翻转方面却过于单一，不像其他同学能将插入的"辅件"与所讲内容巧妙结合起来，以达到促进理解的作用，这一点有待改进。其次，内容编排方面，没有突出重点、区分非重点。从第一张PPT开始至末尾，我在准备的过程中只想到了哪些内容需要讲解，并没有突出重点，比如"通感"这一修辞手法的运用。因为是初次学习这一手法，我理应多停留一些时间，通过讲解、举例等方式加深同学们的认识。然而，却是一笔带过，不免给人一种得过且过的感觉。最后，没有很好地进行课堂互动，虽然中间提问了一次，但大多数问题都是由全体学生共同回答以及自己的讲解，忽视了学生的主体性。这三点是我在由准备课件到上台试讲的过程中所出现的比较明显的问题，当然还包括其他，如课堂语言的运用，身为教师的"师风"，课堂上的示范动作等多多少少都有些问题，而这些便是我以后真正从事教师行业时所要注重的。

俗话云：百闻不如一见。同样，百听不如自己走上讲台一说。真正的经验是在实践中总结出来，唯有亲自走上讲台，才可发现存在的不足之处。

在讲解的过程中我发现了很多的不足，然而也想到了几点现实中不可避免的问题。譬如，我们是站在同班同学面前，所讲内容他们全都学过，当时他们所具备的心理和小学生或中学生的心理是完全不同的。还有有些问题的设置预先答案都已准备好，但在真正的课堂中呢？那些学生所学的是新知识新内容，问题必然很多，这对于老师上课的时间安排多少会有些影响，所以老师在准备课件的同时要充分考虑到"生成性目标"的产生以及如何有效应答等。再者，教师本身对教学内容没有系统的认识，譬如大纲的学习，哪些该讲？哪些不该讲？哪些是重点、非重点？我们对此全然不知。这对于教学内容的准备不免有些影响。然而，话又说回来，"十分钟"的演讲只是一个锻炼的过程，是为了以后我们能够更好地从事教学工作打下基础，如此理解，那些问题的产生便情有可原，但却又是不得不令我们重视的。

问题的答案总是伴随着问题一同存在，既然发现问题，最关键的是要去解决并且不要在下一次重复出现。而要解决它们，还有待我们在日后工作努力避免。相信，这些经验将是我们能够做好教学工作不可或缺的一笔财富！

最后用一句话总结此刻内心的真实想法：实践是检验真理的唯一标准！课件如下：

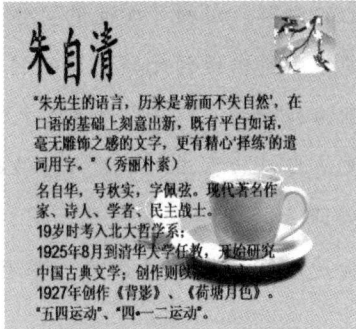

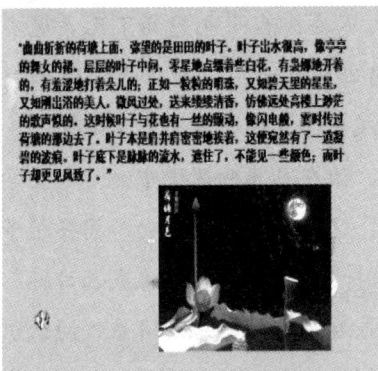

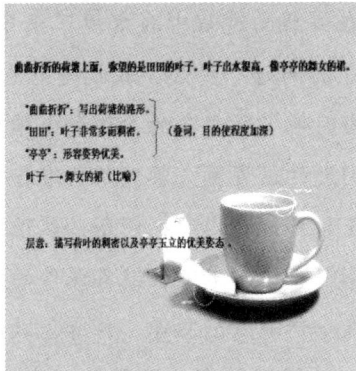

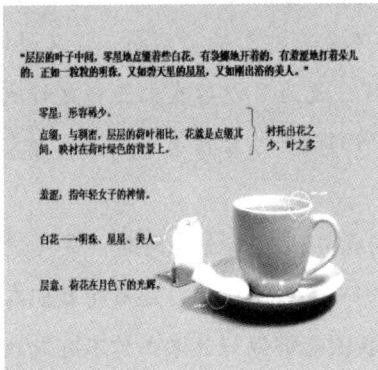

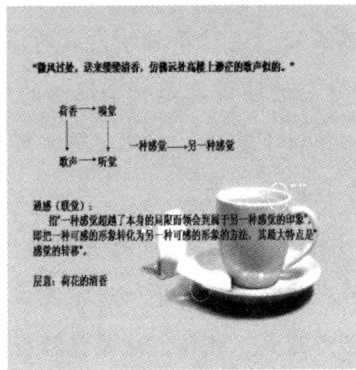

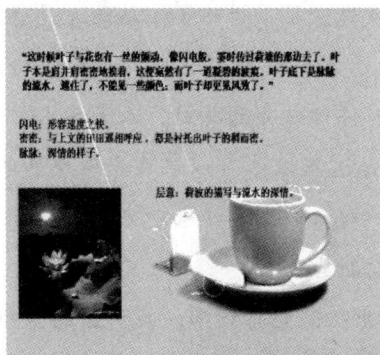

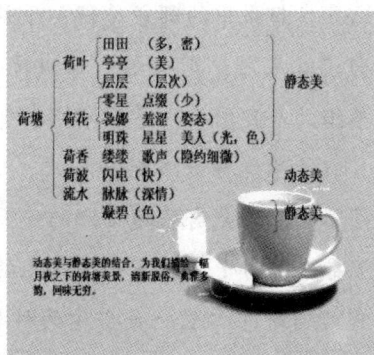

3. 个人心语

这部分主要包括自己对教师的美好愿景。如：

写在教师节的那一天

今天是教师节，很幸运，能够在博客中汲取教育之泉水，实乃人生一幸事。

高中三年的辛酸只有亲身体会方可知晓。然而小学起就一直喜欢文科的我，到了高中却因为各种原因选择了与自己愿望背道而驰的理科，从此我的学习路便是坎坎坷坷，汗水与泪水不计其数。人们常说，上帝为你关闭了一扇门必定会为你开启另一扇窗，是的，到了大学，我从一名理科生变成了梦寐以求的文科生。可是这所学校并非我想象中一样，没有高大的树木，没有小桥、流水、池塘、凉亭，没有那种古老的气息，学校、专业都远非我想象中的那般美好，于是我失望了、徘徊了。然而，马哲老师的一句"既来之，则安之"让我恍惚已久的心安定下来，于是我告诉自己：阜阳只是我用来求学而不得不暂时停留四年的驿站，人无完人，金无足赤，它是不能与众多名校相比，但是这里依然可以培育出璀璨的明星，只要是雄鹰，总会有展翅飞翔的一天！我可以拿奖学金，可以考研，可以在这里奋发努力走向我另一个人生的转折点！

曾几何时，心里一直排斥两种职业：医生与教师。我所谓的"排斥"并非是对医生或教师有什么偏见，而是我本人不想在未来从事它们罢了！不当医生，是因为从小就怕"杀生"，一只小小的蚂蚁都不忍心捏死，更何况摆在面前的是活活生生的人，说一句通俗的话：我怕我见血会晕；不做教师，是因为觉得自己的口才不是很好，怕误人子弟。然而，外公、母亲与五舅却是非常赞同我成为老师的，用他们的观点，我很适合当老师！

说句心里话，我本人最感兴趣的还是古典文学与历史学。起初很想报考该校的中文系，但是却不招理科生。然而，我还有一个特点，就是干一行，爱一行。所以即使两年前还未跨进校门的我排斥当老师，可是两年后的今天我想对自己说：我要成为老师，而且要在未来经过努力成为一名出色的优秀老师。考研也好，工作也罢，既然上天赋予了我"教书育人"的使命，我理应将我的精力投入在教育这一行业。也许我不够成熟，也许我口才欠佳，但古人早就留言：世上无难事，只要肯攀登。相信社会会为我提供展示锻炼的舞台，只要我不懈追求，就一定能够到达山顶看到另一番最美最怡人的风景—桃李满天下！

现在总觉得，越是长大，越是学习更多有关教育的书籍，就越对教师这一行业感兴趣。有时不免会手托下巴幻想一番：手执粉笔，口若悬河，滔滔不绝，在三尺讲台上尽显教师本色，而下面的学生个个精神饱满，侧耳倾听，用心领会自己所传授他们的知识。想着想着自己就笑了。但我深知，这样的场景已经离我不远了，而我也正在为了那一天的到来不断地努力、加油、奋斗！在这个已经"网络化"的时代，我还保留着"80

后"的朴素气息，虽然很多人说我过于古板，但是我可以说那是唯一值得我骄傲的东西。那些经典，那些原则，那些正直，那些教师所应有的认真、仔细、负责，我不会因为时代的改变而丢却，我需要的是一颗蒸蒸日上的壮志雄心，一种永远也不可倒下的经霜傲雪的骨气。"巾帼不让须眉"，男儿有泪不轻弹，女儿亦是。

"捧着一颗心来，不带半根草去！"，陶行知的一句真心名言我将永远铭记在心。为了梦想，以奋斗为帆，以勤奋为桨，以不倦追求为导航，飘向属于我的"三尺讲台"之彼岸，去开垦属于我的另一片天地！

老师是园丁，学生是花朵，愿普天之下所有的老师都能兢兢业业、勤勤恳恳，用真心去浇灌每一朵花，相信它们的艳丽将会为祖国点缀出更加壮丽的锦绣山河！

在教师节之际，写下心中的所感所想，愿每一位教师福泰安康、工作顺利、合家欢乐，教师节快乐！

第二节　个案分析

一、个案自主学习的阶段

（一）准备阶段

斌婕同学参照教师提出网络日志的基本内容：第一，个人信息。个人信息包含个人身份的基本信息、教育理念、学习和教育实习经历、求职的意向等。第二，学习计划。学习计划是职前教师与指导教师共同设计的书面协议。它确定职前教师学习的目标、达到目标的方法、学习活动进行的时间、完成活动的证据及确认这些证据的标准等。第三，学习活动记录。学习活动记录主要是运用信息技术，跟踪并记录职前教师的学习活动，收集与职前教师学习行为相关的信息。记录职前教师在学习过程中参与的各种活动、扮演的角色、学习的态度、使用的学习方法和学习媒体、阶段学习所处的学习环境等。第四，作品集。作品集是职前教师的代表性作品及相关证明的集合，用于描述和证明职前教师的能力和成就。它包括反映职前教师在学习和实习过程中的作品以及职前教师收藏的、认为对自己学习有帮助或觉得有价值的学习同伴或教师的作品。第五，评价信息。评价信息是有关职前教师电子学档评价的汇总，包括职前教师本人的自评信息、互评信息和教师 / 专家的评价信息三个方面。自评信息：职前教师本人对自己的电子学档作品、创建的理念、程序、策略等的总结、评价与反思。互评信息：对学习同伴的发言、讨论及其表现的评价信息收集。教师 / 专家的评价：教师 / 专家对职前教师的电子学档作品、创建的理念、程序、策略等的评价及建议。

斌婕同学通过观察教师的网络日志了解其主要特征，创建了属于自己的网络日志，这表明她开始步入个性化学习的轨道。

（二）实践阶段

结合课程学习任务，斌婕同学制订了学习计划，确定了学习目标，独立地使用适合的学习策略，进行课程学习和课题研究。一学期共发表网络日志（39 篇），内容包括研读教育名著（《理想国》《政治学》《大教学论》《教育漫话》和《童年的秘密》）的学习笔记、视频观摩的感想、同伴教学的课件及反思、支教的经历、未来教师大奖赛的经历、课题研究、教学视频、资源的链接以及评价等，这些信息详细地记录和展示了斌婕同学平时的学习过程及成果，表明网络日志不仅是一个良好的网络电子学档，而且也是一个良好的网络知识管理系统，凸显了斌婕同学学习的自主性。

（三）反思评价阶段

斌婕同学根据网络日志的反馈信息以及自我反思，发现不足之处，自觉地调整学习过程，这表明网络日志还是一个自我反思和评价工具，意味着学生对自己的学习真正有了责任感。

本研究中的斌婕同学因课程学习而与网络日志结缘，从结缘到应用到喜爱，实现了自己建立网络日志的初衷——在志同道合之天地中汲取教育之泉水。在学习过程中，她的网络日志是同学们学习和借鉴的榜样，不仅成为组织化或扩展的学习资源，而且成为师生交流共享的开放性平台。

二、个案的启示

大学生应用网络日志自主学习，使得学生获取知识的途径发生了很大的变化，除了教师、书本以外，还可以通过网络检索、通信交流、在线课程、网络日志、协同学习获得大量的知识。通过问卷调查和个案分析，我们可以得到如下启示。

（一）对教与学的影响

大学生应用网络日志自主学习对教学观产生了深刻的影响。对教师而言，意味着课堂教学不仅仅是传授知识，而是与学生一道去理解、分享、反思、建构知识的过程。教师不再仅仅是"蜡烛"——燃烧自己，照亮他人，而是自我价值的实现及专业的成长。对学生而言，意味着学习心态的开放、主体性的凸显、个性的张扬、创造性的解放。学习不再是一种被动的、接受的、封闭的学习——以知识的接受和独自完成学习任务为主，而是一种自主的、探究的、协同学习——以知识的自主建构和协同完成学习任务为主，突出学生学习的自主性。

（二）对教学策略的影响

大学生应用网络日志自主学习对教学方法、教学模式及教学组织形式产生了较大的影响。教学方法不再是讲授法一统天下，而是综合运用各种教学方法（讲授法、讨论法、演示法、实践锻炼法、自我学习法和研究性学习等），提高了学生学习的兴趣、教学的有效性；教学模式不再以"传授－接受"作为唯一模式，而是综合运用"自主探究""研究性""问题解决"的教学模式，培养学生的自主学习能力、问题解决能力及创造发现能力；教学组织形式不再是单一的班级授课制，而是班级授课制、个别辅导、协同教学及计算机辅导教学等多种组织形式的综合，注重对学生的因材施教。

（三）对教学资源和反思实践的影响

学生是学习的首要来源和资源，教师要善于引导学生开发身边及自身的资源。在本研究的同伴教学实践中，它提供了一系列真实鲜活的教学实习场景，展示了大学生具体的教学实习行为，便于同学们学习和借鉴。其作用表现在两个方面：第一，它为大学生提供了展示自己、解剖自己的机会，通过教师的点评、同伴的建议以及自我反思和总结，能够发现存在的问题，及时改正。同时，也能从其他同学的教学实习中汲取到一些成功的经验。第二，它为众多同学的教学实习理念、教学实习行为提供了交流和分享的平台，提供了自我反思和相互借鉴的平台。

网络日志收集的是一颗颗零散的"珍珠"，而将这一颗颗珍珠连接成链的就是大学生的思考和建构。反思将搜集资料的过程变成有意义的学习过程。只有经过"行动中反思"与"行动中实践"，使应用网络日志的原始经验不断处于被审视、被修正、被强化、被否定等思维加工和实践检验中，去伪存真，应用网络日志的经验得以提炼、升华。唯其如此，网络日志才能成为促进学生学习和发展的有力杠杆。反思和实践的过程吸引学生成为自己学习和成长的设计师。

三、讨论与建议

（一）如何激发学生应用网络日志的积极性

1. 提出明确具体的要求

明确要求每组大学生都要建立小组网络日志，作为课程学习、师生互动、反思的平台，对有技术困难的学生，给予适当的技术指导，规范基本的内容，提供相应的评价标准。

2. 引导大学生养成自主学习的习惯

教师引导学生感受学习的乐趣，使专业学习和成长不再成为一种负担，而是一种享受；改变被动接受的学习惰性，自觉确定学习目标、选择学习方法、监控学习过程、评价学习结果，追求终身学习的、发展的、超越的、有意义的学习生活。

3. 培养学生学习和成长的个性（非智力因素）

包括勤奋好学、勤于反思、善于沟通、合作共赢、勇于创新等。[①]

4. 教师建立网络日志为学生树立学习和模仿的对象

教师的网络日志不仅能展示教学成就，而且有助于反思教学实践；不仅能促进自己的专业发展，而且还能潜移默化地影响学生，为学生树立学习和模仿的榜样，激发学生应用网络日志的积极性和热情。

---

① 郑小军，杨满福，林雯，等. 基于博客的教师专业发展个案研究及启示 [J]. 中国电化教育，2010（7）：100-103.

5. 教师对学生的网络日志给予及时的反馈和评论

这不仅能促进师生进一步交流，而且还有助于学生深度学习。只有这样，学生才能迸发出持久的内生原动力，克服学习和专业发展瓶颈，顺利走出学习和成长的低潮或高原期。

（二）如何促进学生深度学习

应用网络日志有助于学生自主学习，学生的学习也能够向纵深方面发展。但有些同学学习还是处于浅表层面，由此看来，如何促进学生深度学习就显得十分必要。结合教学实践，笔者的建议为以下方面。

1. 加强学习主题研讨

利用 QQ 群或群博客引导学生形成学习共同体，共同围绕学习主题进行研讨，鼓励学生从多视角阐述观点，引发学生更深层次的思考，从而促进深度学习的开展。

2. "调查""探究"活动注重解决教育现实问题

多数教育家都认为问题解决是最有意义和重要的学习与思维活动，几乎所有的教学活动都与各种形式的问题有关。因此，在"调查""探究"时，提倡学生从教育实践中寻找问题、分析问题、提出假设、验证假设、解决问题。学生要完成这样一个过程，必须进行深度的交流和学习，才能找到解决问题的方法和途径。

3. 营造良好的学习情境

如果问题或观点得不到及时的解答或回应，参与讨论的积极性就会受挫，也不利于学生之间的深度学习和交流。所以鼓励学生经常浏览其他同学的网络日志，并且发表自己的评论，也要求作者给予及时的回复，大家形成良性互动，共同营造一个和谐的、有利于深度学习和交流的学习环境。

4. 网络日志作品深度加工

学生发表的调查报告、研究成果不成熟是正常的。对此，教师给学生提出修改的指导性建议，学生则进一步充实资料、修改、完善作品。这一过程对促进学生深度学习是十分有益的。

四、个案研究总结

本书设计了基于网络日志的教学模式，经过教学实践，验证了大学生应用网络日志自主学习的效果，并对存在的问题，提出了适切性的解决策略，为我国教师教育信息化做出了有益的尝试。在研究之中，笔者对网络日志在教学中的应用与促进学生自主学习进行了较为深入的研究，但也存在一些不足之处，如怎样加强对学生在线学习的监控和管理，提高应用网络日志的有效性等问题还需深入的实践和研究。另外，本研究采用的是个案研究法，难免受制于特定的教学情境，具有局限性，能否规模化推广应用还需要进一步的实践证明。

第五章　师范生应用网络日志
自主学习存在的问题及策略

一般认为，网络日志比较适合进行非正式学习、课外扩展学习、碎片化学习、移动学习和社会性学习。网络日志学习可以融合多种学习方式，其潜力巨大。如果进行适当的教学设计、课程设计和评价设计，网络日志完全可以用于课堂正规的学习。

第一节　师范生应用网络日志自主学习过程中存在的问题及分析

一、教师的问题

师范生应用网络日志自主学习有一点应该清楚，我们非但没有要求教师完全放弃对课堂教学的指导、组织和控制，相反，学生自主学习能力的发展关键需要教师的积极引导，因为不是教师要求学生发展自主学习的能力，学生就能培养自主学习的能力。问题是，教师如何积极引导学生？他们所采取的积极引导的方式如何有别于自己已经习惯的学习方式呢？

在课堂教学过程中，每个教师对课程标准都有自己独到的诠释。为了发展学生的自主学习能力，教师首先应该同学生一起商讨如何理解课程标准。这需要彻底探讨课程标准的直接目的或间接目的，以及学习者如何把课程标准的目标融入自己的学习目标。教师应当一开始就请学生阐述自己对自主学习过程有何期望以及自己的学习行动计划。这种学习方式比一开始就由教师阐述自主学习的好处的方式更能获得成功。

这种做法看起来非常直接，但是如果没有教师角色的转换，就无法改变以教师为中心的课堂教学形式，那么自主学习的模式还是无法建立起来。那些传统模式下接受过教育或培训的教师可能觉得难以改变角色：从信息的传播者转变为学生学习的顾问、帮助者和学习资源的管理者。一方面，传统的教学模式要求教师在课堂大部分时间内承担解说的任务，因而教师就会认为没有了讲解就没有了教学。那么当教师没有了讲解的时候，学习者是如何开展学习呢？讲解型教学方式的另一个困境是，教师在课堂上不仅仅提出问题而且还通常扮演解决问题的角色。或者说，在课堂上，教师的示范比学生的实践占据更重要的地位。一些教师也鼓励学生通过自我发现的学习方式来学习，但是当他们看到学生之间对某些问题争执不下，难以达成一致的解决方案时，通常难以做到不干预学生的学习过程。如果教师过早地进行干预，学习效果就会受到影响。

有些教师总担心还有许多的内容需要讲解，因而急于想对学生的学习活动进行干预。这些担心主要还是源于教师还没有从内心真正把学生看作一个自主的学习者，还把教学仅仅看成是一个知识传授的过程。因此，对于教师而言开展自主学习的教学模式需要教师有很大的勇气，其中很重要的原因是，这种教学模式要求教师放弃一种根深蒂固的观点，即通过自己的努力就能确保学生学习获得成功。其实，教师应该大胆地信任学生，对学生的学习少一些控制，放手让学生对自己的学习负责。采用传统的讲解教学模式的教师承担着学生学习的所有重担，而培养学生自主学习能力的一个重要原因就是让学生分担这份重担。学生学习责任不明确，往往会导致学习的动机不强或者难以自我激发。

二、学生的问题

学贯中西的大学者林语堂曾说："在牛津和剑桥，那些教师怎么去教学生，他们把学生叫来，一边抽着烟斗，一边天南海北地聊，学生被他们的烟和谈话熏陶着，就这么熏陶出来了。"教育就是为了不教而教，实现不教而教的关键是给学生自主学习的机会，培养学习者学习的独立性，让学生对自己的学习负责。在大学阶段，不管学生有多聪明或者成熟，不要期待学生对学科的认知发展已经达到了一个很高的水平，事实上这也是不可能的，几乎所有的师范生在大一、大二阶段，一般对知识有严重的认识错误，甚至在严重的错误的认识下进行学习，只有消除学生这些错误观点时，才能促进师范生的自主学习。在学习的方式上，一些师范生已经形成根深蒂固的传统学习观念，觉得难以接受自主学习的模式。在师范生应用网络日志自主学习的实施过程中，通常有学生会问到这样一个问题：老师，我们这堂课学习的重点和难点是什么？言下之意，就是说只要掌握了知识就能学好。一方面说明，学生还局限于中学阶段的学习模式当中，知识的识记是学习的重中之重。这表明学习者已经有了在制度化学习过程中的许多经历，因而也许会强烈抵制自主性学习模式。Salmon 曾指出：从广义上说，教育的发展过程是从"以人为中心的学习"向"以知识为中心的学习"的转变过程。在划分学校课程的层次中，那些本质上使学生丧失个性的知识反而享有最崇高的地位。换句话说，早期教育需要把学习者的个性（即学习者已经了解的内容以及在学习过程中表现的价值体系）考虑在内，但随着学习阶段的提升，这些个人因素变得越来越不重要。另一方面说明，学习者学习的独立性比较缺乏。我们知道任何教育的目的都在于学习者的学习和成长，在于提高学习者的学习效果。学习效果好的学生都能积极主动地、独立地参与学习过程。即使是在以教师为中心的课堂上，学生的自主性受到限制，情况也是如此。学习效果好的学生都十分明确教师所要追求的教学目标，知道要学什么、如何确立自己的学习目标，尽管他们不一定能明确地解释这些目标。同时，他们也会调整教师的教学目标以适应自己不断变化的需求。他们选择运用适当的学习策略，监控学习策略的应用，并在需要的时候做出适当的调整，而且还能监控学习效果。学习效果好的学生在学习过程中始终能保持积极的状态。实际上，所有学生都必须脱离对教师的依赖。布鲁纳很好地阐述了这一观点：传授知识只是暂时性行为，其目的是培养学生或其他人独立解决问题的能力，否则，传授知识必然导致长期依赖教师的学习方式。

在大学教育阶段，许多学生认为，最重要的不是应该学，而是要获得好成绩，顺利毕业，为将来找工作奠定基础。教师的工作就是帮助他们在考试中获得好成绩。这种观点在相当一部分大学生中存在。这种想法对于能力强的学生来说影响更大。倘若他们努力学习并获得好的成绩，他们也许会越来越满足于对教师的依赖。Litter 与 Grant 曾做过一项实验，在本科生的课程学习中引入自主学习模式。他们在研究报告中指出，有个学生认为自己是个很好的学习者，他的主要学习方法死记硬背大量的材料，虽然自己也觉得这种学习方法非常枯燥乏味。他以前的一位老师经常批评他的学习方法。在大学期间他经常想起这位教师。他常常因为学习没有进步而感到灰心丧气，而且好几次要打退堂鼓。幸好教师不断加强指导，他才好不容易完成了两年的学业。与此形成鲜明对比的是一个在该实验中取得最大成功的学生。他一开始就非常了解自己的学习目标，并通过实践活动强化自己的课程学习，最后取得了非常好的学习效果。

当然，如果学生对自主学习持反对意见，我们不应该感到惊讶。毕竟，接受自主学习模式就意味着学习者愿意不断面对挑战，而不是简单地墨守成规。这种不确定感的确令人感到非常不安。经验告诉我们，年龄越大的学习者，首次接触自主学习时，教师就需要花越多的时间和精力使其接受这种模式。同样，在自主学习的初期阶段，必须开展一些活动，从中发现个人的学习基础。这种方法比用讲解方式解释培养自主性的必要性更能获得成功。

三、学习资源的问题

基于网络日志的师范生自主学习必须创造条件，让学生能通过对话、交流、互动和解决问题的方式来学习，而不是通过教师的讲解、演示来教学生。这些过程将使师生的注意力更多地集中在学习内容和课堂活动的组织上。

根据自主学习的定义，学习者要对学习内容负责。这意味着，在某些情况下，特别是在探究性学习活动中，学生要自己寻找学习资料。学生在寻找学习资料的过程中可能需要教师的帮助，因为他们不清楚什么材料才适合自己的需要，或者不知道何处才能找到自己想要的材料。不管怎么说，虽然学习者不一定都得自己选择学习材料，但他们有责任决定是否接受所选择的学习内容。

在培养学生自主学习能力的绝大部分教学计划中，在选择教材的过程中，由于既要考虑到学习者和他们的自主建构，又要考虑到教师的专业知识，就可能在学生选择材料或教师选择材料这两种方法之间出现一种折中的方案。一方面，不管选择什么教材，教师都负有不可推卸的责任。因为学习者没有足够的知识和经验来承担这种责任；另一方面，只有学习者才知道什么样的材料——不管源自何处哪些真正与自己相关。所以，学习内容应该要经过讨论和反复推敲后才确定。这一点至关重要，否则，学习者的自主责任将变为一个口号，而无法付诸实践。

如何选择同伴教学的内容是非常重要的。在某种程度上，这将由选择何种学习材料决定。比如，采用课程教材的内容让学生轮流实施同伴教学，这就意味着扮演教师角色的学生必须充当指导与讲解的角色，而扮演学生角色的同学则要做出反应；或许可以根据教材的特点，安排学生扮演对话、交流中的不同角色。另一方面，如果决定由学生通过小组活动来选择学习内容，学生在对话、交流中的角色并非事先确定，而是取决于小组互动中的不同表现。这种方法使对话交流的角色通过小组的互动变化情况来决定，但缺点是学生在班级中的互动地位可能会局限于其在互动中充当的角色。

四、学习者培训的问题

所有自主学习都以满足学习者的某种需求为目的，并根据学习者自己的时间进程而展开。学习者自主学习需要培养以下几种能力：对学习过程进行批判性反思的能力，对学习进步进行自我评价的能力以及必要时对学习策略进行自我调整的能力。这些能力对自主学习是至关重要，因为当我们实施某项学习计划时，我们只有在能控制学习过程的情况下，才能把自己称作自主学习者。学会如何学习是所有自主学习计划中最关键的组成部分。

在基于网络日志的师范生自主学习计划中要求学习者写网络日志，记录学习行为、学习效果和掌握的内容。这种方法能帮助学习者回顾自己的学习过程，使之变为有形的、可以回忆和讨论的材料。但要求学生写网络日志会出现一个问题，学习者对学习的判断总是停留在很宽泛的水平，他们记录的往往是学习如何困难或者某个学习活动如何有趣。这并不奇怪，因为如果缺乏专门指导，很少有学生能对具体的学习策略进行鉴别，更不用说评价他的效果。要做到这一点显然需要具备对学习过程进行批判性反思的能力。这种能力不是学习者与生俱来的，而是通过努力和所谓的"学习者培训"获得的。

第二节　师范生应用网络日志自主学习策略

网络日志作为网络化学习利器，是高师教育信息化教学和师范生自主学习的网络平台。高师学生可以利用网络日志获取和分享知识与信息，记录学习收获、进展与困惑，展示学习成就，结交学习伙伴，进行个人知识管理和在线写作，深化学习成果，提升个人形象和影响力，促进自主学习。为解决师范生应用网络日志自主学习过程中存在的问题，我们提出如下策略。

一、策略之一：自我激发学习动机

学习动机是影响自主学习的关键性因素。因为它是引发学习活动的动力源，是激发、维持、完成学习活动的保障，并对学习效果产生重要影响。学习者如果缺乏应有的学习动机，就不可能主动承担起学习的责任，学习是消极、被动、依赖性的，自主学习也就无从谈起。相反，当学习者具有强烈学习动机时，他们就会降低对他人教师、同伴等的依赖程度，或摆脱他人的控制，自觉确定学习目标，制订学习计划，积极选择学习材料，调节努力程度，选择学习策略，充分利用学习时间，评估学习效果及采取补救措施等。关于学习动机与自主学习的关系，存在三种不同观点。

第一，动机决定论，即学习动机决定自主学习。持此种观点的研究者从马斯洛需要层次理论出发，认为需要决定学习动机。学习需要和目标是动机不可或缺的成分，缺乏需要和目标则难以激发和维持自主学习行为。学习者只有在动机被调动起来的情况下，才可能自觉主动地制订计划，确定学习内容，采取相应策略来完成学习任务，监控和评估学习过程。动机强度直接影响自主学习，自主学习水平则决定学业成绩。

第二，自主决定论，即自主学习决定学习动机。这一观点以归因论和自我决定论为理论基础，强调学习者作为学习主体以及归因对主体后继行为的促进作用，主张学习动机的产生以自主学习为前提，因为只有学习者把学习结果成功或失败归因于自己的可控因素如努力程度、自我决定权时，才能激起他获取成功的欲望并付之行动。

第三，相互作用论，即学习动机和自主学习互为因果、互相影响、相互促进，呈螺旋形上升趋势。学习动机引起指向学习目标的自主学习行为，当达到目标以后，自主学习又通过自我效能感反作用于学习动机。动机水平越高，自主学习意识和学习自主性越强；自主学习水平越高，越能增强学习动机。不论持哪一种观点，自主学习者必须有强烈的学习动机是毫无疑问的。那么，接下来的问题是，"我们如何激发学习者的学习动机"，还是"我们应该如何帮助学习者自己激发学习动机"。

从自主学习的定义看，自主性是一种超然的批判性反思能力，一种独立决断并采取行动的能力。自主性意味着学习者主动参与学习过程，在学习过程中要善于调节情感因素，并对学习的结果负责。因此，学习动机必须自我激发，才会增强其有效性和持续性，而不能依赖外界强加的条件

（如课堂刺激、目标和奖励等）。动机在学习过程中起着积极的作用，无论是积极的还是消极的学习过程，动机都是维持学习者积极参与学习的重要因素。动机的大小关键取决于学习者的思维方式，取决于他们如何解释从相关经验获得的信息。总之，自我激励是一种有效的动机性思维能力，是自主学习不可分割的一个维度。因此，这种新观念（如何帮助学习者自我激励）可以界定为培养有效的动机性思维的原则。学习者的自我激励也就是学习者内在动机的自我激发。内在动机是一种持续性动机，是学习本身激发的动机，而不是仅仅让学生们持有一种虚无缥缈的信念，即今天的学习将给未来继续深造或谋职业带来好处。内在学习动机有许多积极的特征：能自我维持，因为它能自我强化；能自发产生学习毅力；强调技能的发展和掌握；体现自我控制和学习的自主性。内在动机的自我强化是指积极的情感，如享受、快乐、满足和陶醉。这些情感创造出一种使个体保持自发毅力的自我维持性。具备内在动机的学习者能使他们在没有任何外在压力的情况下，自愿承担学习任务，并且把任务当作一次提高自身能力的计划，则很有可能使动机持续下去。通过不断地从事某些具体任务来发展技能，使学习者以提高内在价值的方式去从事某项任务。内在动机之所以得到强化，很大程度上是因为学习者意识到自己的技能和能力都得到提高，因为在其他条件相同的情况下，人们在能力得到发挥时，就会感到心情愉快，而且能力展现得越多、变得越强，愉快的感觉也随之增加。内在动机强调主观能力基础的重要性。怀特（White）认为，人需要有效地与环境互动。这种需要是一种基本的持久性动机倾向，能激发个体去探索、关注、思考并从事某项任务。[①] 德西（Deci）进一步指出，内在动机所激发的行为基础是人们渴望在与环境互动过程中展现自己的能力和决断力。因此，内在动机也是自我控制和自主学习的一种体现：内在动机意味着自

① 倪清泉.大学英语学习动机、学习策略与自主学习能力的相关性实证研究 [J].外语界，2010（3）：30-35，79.

186

我指导。

外在的干预对动机产生重要的影响。我们知道，内在动机的自我激发强调不能依赖外界的条件（如课堂的刺激、目标和奖赏），然而，这并不是说，这些外在的条件对学习动力的发展不会产生任何的作用。最为重要的是，学习者如何主观地调节外部刺激。也就是说，外在干预对内在学习动机的影响取决于学习者如何对待这些干预。如果学习者认为外界刺激提供的是积极性反馈，而不是仅仅要控制他们的行为，他们的学习动机就会得到强化。如果我们采取一个绝对的标准来衡量学生的学习表现和技能的掌握，帮助他们发现学习的优势和不足，采取有效的策略促进学习，而不是在学生之间进行比较，确定优劣。采用这种方式，教师的反馈就能为学生技能的掌握和学习目标提供评价性信息，使他们对自己的能力充满自信。布鲁姆指出，就内在学习动机而言，更为可取的方法是，针对学习内容，确定掌握标准和优秀标准，而不是学生之间展开竞争。正如布鲁姆所说，利用较为合适的评价系统，可以产生积极的干预作用，使学生意识到自己的能力，强化他们的内在学习动机。

二、策略之二：培养学习者反应性自主学习能力

国外学者 Little Wood 把自主学习能力分为两种：原自主学习能力（Procative Autonomy）和反应性自主学习能力（Reative Autonomy）。原自主学习能力也就是我们通常所讲的"自主学习能力"，它指的是学习者能对自己的学习负责，能确定自己的学习目标，能掌握并运用恰当的学习方法和技巧，以及能评价自己的学习效果。他们会制订适合自己的个人学习计划，明确学习方向。由此可见，这些正是我们的培养目标。所谓"反应性自主学习能力"指的是学习者并不懂得制订适合自己的个人学习计划，学习方向不明确，但是，如果帮助学习者对自己的学习进行规划，对他们的学习给予有效指导，这会有助于他们积极主动地为实现学习目标而努力，比如逐渐对自己的学习负起责任，努力探索适合自己的学习方法等

等。Little Wood 认为，反应性自主学习能力是原自主学习能力的前提，只有先培养学习者的反应性自主学习能力，才有可能使他们掌握原自主学习能力。由此看来，培养学习者的反应性自主学习能力至关重要，这是自主学习的必由之路。

学习者的反应性自主学习能力不是与生俱来的，并非人的禀赋，而是在学生后天学习活动中逐步养成的。学生的学习活动既离不开教师的指导，更离不开学生的学习实践。因此，培养学习者的反应性自主学习能力需要以下方面。

第一，教师角色的转变。在他主学习（或被动性学习）中，教师是"传授者""园丁"和"法官"等，教师不仅控制着教学活动的展开，也决定着学生学习的方式。在自主学习中要求教师是学生学习的："促进者""咨询者"和"信息源"。教师角色的改变意味着教师最好"少一只手"，把学习的责任还给学生，让学习者在学习目标、学习内容、学习方法、学习材料等方面进行独立、自由选择。但是，"少一只手"并不是放任不管，而是在尊重学生自主性的前提下，最大限度给予他们自由发展的空间，为他们提供必要的心理和技术支持，引导其进行自主学习，促进自我管理、自我监控意识，创造一个有助于学生积极参与和表达自己的思想、观点和情感，充满生机的课堂。

第二，加强学习策略的培训。学习策略是解决如何学习的问题，自主学习有时是在没有他人教师、同学等在场的条件下进行的。如果学习者没有足够的学习策略和熟练运用这些策略的能力作保障，即使有强烈的学习动机启动学习行为，学习行为也不可能持续下去。学习策略主要包括认知策略、元认知策略和情感策略三类。认知策略是指学习者对输入的信息进行分析、转化或合成所采取的措施。元认知策略主要是指学习者确定和调整学习目标、选择学习方法和技巧、对学习结果进行评价和反思等。情感策略是学习者在学习过程中培养、调整、控制自己情感所采取的措施。学习策略培训可以采用多种方式：一是策略讲座，目的是培养学生的策略意识，使其对学习策略有一个系统、全面的认识，进而增强主体意识、自主学习意识；另一种是将学习策略融入课堂教学中，策略培训和课堂教学合为一体，成为教学内容的重要组成部分；二是将学习策略融入学习实践中，通过自觉实践自主学习的方式来不断积累和提升学习策略。

第三，养成自主学习的习惯。习惯是一种自动化的行为机制。学习习惯是一种定型化的行为。一旦养成良好的学习习惯，学习变成了一种自动化的行为，不再是一种负担，而是一种享受由自动化行为带来的益处，帮助我们改变被动接受的学习惰性，自觉确定学习目标、制定学习计划、选择学习内容和方法、监控和调节学习过程、评价学习结果，追求终身学习的、发展的、超越的、有意义的学习生活。

三、策略之三：建立交流互动的长效机制

多数教育家都认为问题解决的学习活动是最有意义的。以基于问题的教学为出发点，培养学生的问题意识和思维，进行创造性学习活动，提高学生的创造能力。因此，在基于网络日志的教学中，提倡学生从教育实践中寻找问题、分析问题、提出假设、验证假设、解决问题。学生要完成这样一个过程，必须进行深度的交流和互动，才能找到解决问题的方法和途径。

学习是一种对话性实践，需要在"问"与"答"的互动中加深对问题的理解。如果学生提出的问题得不到教师和同伴及时的回应，久而久之，学生的问题意识和互动的积极性就会受挫，这是不利于学生的自主学习和深度学习的。所以必须建立学习互动的长效机制，鼓励学生经常浏览其他同学的网络日志，利用群或群网络日志引导学生形成学习共同体，共同围绕学习主题进行研讨，鼓励学生从多视角阐述观点，引发学生对学习主题有更深入的思考，各种思维和观点的碰撞，让学生对主题有深刻的理解，并且发表自己的评论，同时要求作者给予及时的回复，大家形成良性互动，共同营造一个和谐的、有利于深度学习和交流的学习环境。这不仅

能促进师生进一步交流，而且还有助于学生深度学习。只有这样，学生才能迸发出持久的内生原动力，克服学习和专业发展瓶颈，顺利走出学习和成长的低潮或高原期。

四、策略之四：发展学习者的反思和评价技能

学习不是一件轻松的事情，需要坚强的意志；学习不是投机取巧的行为，需要学习者一步一个脚印，踏踏实实静下心来勤奋学习；学习需要反思、需要沟通、需要合作、勇于创新等。自我反思和自我评价是自主学习非常重要的一环，是学习者对学习过程和学习活动的回顾和总结。在学习活动中，学习者按照学习目标，对自己的学习过程和成效做出事实判断，并以此为依据调控和优化学习过程。学生在应用网络日志自主学习过程中，可以利用网络日志记录学习过程中对知识的理解和情感体验，将思考与操作结合起来，为学习后期的自我评价提供依据。由于网络日志的共享和专业特性，阅读者对于网络日志记录的资料和思想有什么样的观点，都可以通过评价的方式加以表述，以此得到教育专家（包括教师）的指点和相同专业背景学习者的评价，自主学习者通过反馈信息开展自我评价，进行学习反思，从而实现利用网络日志开展评价与自我评价的过程。此外，网络日志按时间自动管理的特性清晰地记录了学习者的整个学习进程和各个学习阶段的发展过程，因此基于网络日志的学习评价不仅能够评价知识的学习结果，还可以包含知识学习过程的方法、情感、心理等方面，这种评价方式有助于自主学习者改进学习方法和态度，提高自主学习能力。实施评价时，自主学习者根据学习前期制订的学习计划，结合他人在网络日志上的评价信息，对自己的学习过程、学习策略不断进行反思，通过归纳、分析和判断等高级思维活动获得比较全面的评价信息，避免了学习者自我评价的主观性。更重要的是网络日志还能记录下反思的过程，日积月累，不断丰富知识和发展思维。另外，学生之间也可以通过网络日志

借鉴彼此的反思成果，结合自身的学习再次进行反思，养成不断反思的好习惯。

五、策略之五：加强修炼网络日志应用技术

学习者应从理念、技术、经验与技巧三个层面加强修炼，以显著提升应用网络日志自主学习的质量。学习者应以"开放、共享、自主、互动、合作、发展、双赢"为网络日志学习的新理念，不断总结网络日志学习的经验、技术和技巧。古人"博观而约取，厚积而薄发"的进学之阶，同样适用于网络日志学习。学习广读博文以"博观""厚积"，积极反思、用心写博以"约取""薄发"。学习者需要加强修炼的网络日志技术，既包括发博文、页面设置和个人中心等基本技术，也包括许多比较复杂和综合性的网络日志应用技术。例如通过网络日志名称、昵称、等级、积分、访问量、关注人气、博文目录页、留言、评论，快速判断某个网络日志是否值得关注。通过利用博友动态、消息提醒、博文搜索、博文评论并转载和博文收藏，提升网络日志学习效率。在博文中插入音频、视频以提升博文表现力，以及灵活组合运用多种网络日志互动工具，提升网络日志学习的交互性、广度和深度。只有加强修炼网络日志应用技术，学习者才能进行深度学习。

参考文献

[1] 布伯.我与你 [M].北京：生活·读书·新知三联书店，2000.

[2] 巴赫金.巴赫金全集（第五卷）[M].石家庄：河北教育出版社，1998.

[3] 伯姆.论对话 [M].北京：教育科学出版社，2004.

[4] 琳达埃利诺，杰勒德.对话：变革之道 [M].北京：教育科学出版社，
2004.

[5] 张华.课程与教学论 [M].上海：上海教育出版社，2000.

[6] 吴康宁.课堂教学社会学 [M].南京：南京师范大学出版社，2006.

[7] 金生鈜.理解与教育 [M].北京：教育科学出版社，1997.

[8] 斯维德勒.全球对话的时代 [M].北京：中国社会科学出版社，2006.

[9] 弗莱雷.被压迫者教育学 [M].顾建新，赵友华，何曙荣，译.上海：华
东师范大学出版社，2001.

[10] 雅斯贝尔斯.什么是教育 [M].北京：生活·读书·新知三联书店，1991.

[11] 郝文武.教育哲学 [M].北京：人民教育出版社，2006.

[12] 周浩波.教育哲学 [M].北京：人民教育出版社，2000.

[13] 克拉克，霍奎斯特.巴赫金 [M].北京：中国人民大学出版社，1992.

[14] 迟艳杰.教学论 [M].北京：高等教育出版社，2009.

[15] 靳玉乐.对话教学 [M].成都：成都教育出版社，2007.

[16] David Little.自主学习的方法与途径 [M].邱永忠，译.福州：福建教育出

版社，2010.

[17] 多尔.课程愿景 [M].北京：教育科学出版社，2004.

[18] 徐芬，赵德成.成长记录袋的基本原理及应用 [M].西安：陕西师范大学出版社，2002.

[19] 陈玉琨.教育评价学 [M].北京：人民教育出版社，1999.

[20] 夏正江.教育理论哲学基础的反思：关于“人”的问题 [M].上海：上海教育出版社，2001.

[21] 哈贝马斯.交往行为理论 [M].上海：上海人民出版社，2004.

[22] 谭学纯.人与人的对话 [M].合肥：安徽教育出版社，2000.

[23] 佐藤学.学习的快乐 [M].北京：教育科学出版社，2005.

[24] 郑乐平.超越现代主义和后现代主义：论新的社会理论空间之建构 [M].上海：上海教育出版社，2003.

[25] 冯俊.后现代主义哲学讲演录 [M].北京：商务印书馆，2003.

[26] 张志伟，欧阳谦.西方哲学智慧 [M].北京：中国人民大学出版社，2000.

[27] 海德格尔.存在与时间 [M].北京：三联书店，1987.

[28] 巴尔特.法兰西学院文学符号学讲座就职讲演 [M].北京：三联书店，1998.

[29] 澳沃特斯.现代社会学理论，[M].杨善华，译.北京：华夏出版社，2000.

[30] 杜威.民主主义与教育，[M].王承绪，译.北京：人民教育出版社，2001.

[31] 郝德永.课程与文化：一个后现代的检视 [M].北京：教育科学出版社，2002.

[32] 乔伊斯，威尔.教学模式 [M].7 版.北京：中国轻工业出版社，2009.

[33] 张一春.现代教育技术实用程 [M].南京：南京师范大学出版社，2005.

[34] 威金斯.教育性评价 [M].国家基础教育课程改革"促进教师发展与学生成长的评价研究"项目组,译.北京:中国轻工业出版社,2005.

[35] 詹姆斯.教师课堂教学评价指南 [M].王本陆,等译.重庆:重庆大学出版社,2010.

[36] 斯特弗.教育中的建构主义 [M].高文,等译.上海:华东师范大学出版社,2005.

[37] 王佑镁.电子学档的设计与应用研究 [M].北京:中央广播电视大学出版社,2009.

[38] 梅雷迪斯·高尔.教育研究方法导论 [M].6 版.许庆豫,译.南京:江苏教育出版社,2002.

[39] 孙杰远.信息技术与课程整合 [M].北京:北京大学出版社,2002.

[40] 陈晓端,张迎春.课程与教学论研究文集 [M].西安:陕西人民出版社,2005.

[41] 钟秉林.教师教育转型研究 [M].北京:北京师范大学出版社,2009.

[42] 刘世清,关伟,王肖虹.教育技术专业英语 [M].北京:电子工业出版社,2004.

[43] 赵昌木.教师专业发展 [M].济南:山东人民出版社,2011.

[44] 高文.教学模式论 [M].上海:上海教育出版社,2002.

[45] 金娣,王刚.教育评价与测量 [M].北京:北京大学出版社,2001.

[46] 陈向东.Blog 在跨学科知识共享中的应用 [J].中国电化教育,2004(8):17-20.

[47] 徐英萍,范郭昌骅,欧秀芳.教育网络日志期刊论文内容分析研究 [J].中国远程教育,2009(10):61-65.

[48] 黎加厚.网络时代教育传播学研究的新方法:社会网络分析——以苏州教育博客学习发展共同体为例 [J].电化教育研究,2007(8):13-17.

[49] 邵秀蔚，王彬彬，李绍杰. 以教育叙事博客推进教师专业发展的区域化探索与实践 [J]. 中国电化教育，2004（10）：47-49.

[50] 甘忠伟. 博客在教育传播学课程中的使用 [J]. 电化教育研究，2007（2）：85-87.

[51] 董晨. 教育博客的问题思考与建议 [J]. 中国电化教育，2006（2）：43-44.

[52] 林阳，祝智庭. Blog 与信息化教育范式转换 [J]. 电化教育研究，2004（3）：49-51.

[53] 詹泽慧，李晓华. 混合学习：定义、策略、现状与发展趋势：与美国印第安纳大学柯蒂斯·邦克教授的对话 [J]. 中国电化教育，2009（12）：1-5.

[54] 祝智庭，孟琦. 远程教育中的混和学习 [J]. 中国远程教育，2003（19）：30-34，79.

[55] 何克抗. 从 Blending Learning 看教育技术理论的新发展（上）[J]. 电化教育研究，2004（3）：1-6.

[56] 黎加厚. 关于 "Blended Learning" 的定义和翻译 .[DB/OL].http：www.jeast.net/jiahou/archives/00618.html.

[57] 黄荣怀，马丁，郑兰琴，等. 基于混合式学习的课程设计理论 [J]. 电化教育研究，2009（1）：9-14.

[58] 刘雍潜，李龙，谢百治. 信息技术环境对 "学与教" 方式的支持 [J]. 中国电化教育，2010（11）：17-21.

[59] 冯秀琪. 构建教学模式的原则与内容 [J]. 中国电化教育，1998（4）：9-11.

[60] 黎加厚，赵怡，王珏. 网络时代教育传播学研究的新方法：社会网络分析：以苏州教育博客学习发展共同体为例 [J]. 电化教育研究，2007（8）：13-17.

[61] 刘敏，钟志贤. 基于教育博客的大学生自主学习 [J]. 远程教育杂志，2007（4）：56-59.

[62] 国家中长期教育改革和发展规划纲要（2010—2020 年）[DB/OL].http：www.gov.cn/jrzg/2010-7/29/content-1667143.htm.

[63] 庞维国.90 年代以来国外自主学习研究的若干进展 [J].心理学动态，2000（4）：12-16.

[64] 谢安邦，李晓.电子档案袋在教师评价中的应用 [J].全球教育展望，2005，34（11）：76-80.

[65] 郑小军，杨满福，林雯，等.基于博客的教师专业发展个案研究及启示 [J].中国电化教育，2010（7）：100-103.

[66] 王沁艳，丁邦平.学习性评价：理论与实践的对话 [J].全球教育展望，2009，38（9）：47-51.

[67] 张秋玲，闫苹.后殖民批判教学法视野中的教师角色分析：以高中语文选修课教师为个案 [J].教师教育研究，2009，21（6）：34-40.

[68] 齐振国.基于视频案例的教学研究 [J].中国电化教育，2009（6）：85-88.

[69] 钱中文.巴赫金：交往、对话的哲学 [J].哲学研究，1998（1）：53-62.

[70] 张增田，靳玉乐.马丁·布伯的对话哲学及其对现代教育的启示 [J].高等教育研究，2004（2）：24-28.

[71] 陈太胜.巴赫金对话理论的人文精神 [J].学术交流，2000（1）：108-114.

[72] 何玲，黎加厚.促进学生深度学习 [J].计算机教与学，2005（5）：29-30.

[73] 丁邦平.从"形成性评价"到"学习性评价"：课堂评价理论与实践的新发展 [J].课程·教材·教法，2008（9）：20-25.

[74] 贾义敏.学习的未来：学会解决问题：戴维·乔纳森教育技术思想研究 [J].现代教育技术，2009，19（3）：5-9.

[75] 郑菊萍.反思性学习简论 [J].上海教育科研，2002（8）：43-46.

[76] 郝文武.从本体存在到本质生成的教育建构论 [J].教育研究，2006（2）：21-25.

[77] 丁邦平.学习性评价与课堂教学改革：以《科学》课评价为例 [J].中国教育学刊，2005（11）：48-51，58.

[78] 张海燕，陈燕，刘成新.网络课程设计与应用调查分析 [J].中国电化教育，2006（5）：73-76.

[79] 王丽珍.《现代教育技术》公共课网络课程现状调研 [J].中国电化教育，2007（3）：57-61.

[80] 葛京凤，梁彦庆，黄志英.网络课程与课堂教学整合教学模式研究 [J].河北师范大学学报（教育科学版），2010，12（8）：73-78.

[81] 孟庆男.基于自主性学习的教学模式 [J].课程·教材·教法，2006（2）：21-25.

[82] 屈社明.美国大学生基于电子学档的学习 [J].教育评论，2008（4）：165-168.

[83] 李有华，李兴柱.中小学基于电子学档的发展性评价的实施策略 [J].电化教育研究，2008（2）：53-57，62.

[84] 王佑镁.电子学档：信息化教学的新思路 [J].中国电化教育，2002（10）：18-22.

[85] 王佑镁.电子学档系统的整合模型研究 [J].现代教育技术，2007（4）：65-69.

[86] 吴初平，钟志贤.远程学习中电子学档的创建 [J].现代远程教育研究，2007（5）：62-65，72.

[87] 钟志贤，吴初平.电子学档：远程学习中一种有效的过程性评价工具 [J].中国远程教育，2008（5）：41-44.

[88] 魏志春，季磊.创建教师专业发展的开放环境：探索以网络为载体的电子档案袋评价模式 [J].开放教育研究，2006（3）:45-49.

[89] 庄秀丽.电子档案袋评价与网络互联学习 [J].中国电化教育，2005（7）：

56-58.

[90] 李克东，赵建华.混合学习的原理与应用模式 [J].电化教育研究，2004（7）：1-6.

[91] 张英彦.论高校实践教学目标 [J].教育研究，2006（5）：46-49，58.

[92] 殷世东，龚宝成.综合实践活动课程旨归：身心和谐发展 [J].中国教育学刊，2008（8）：60-62.

[93] 庞维国.论学生的自主学习 [J].华东师范大学学报（教育科学版），2001（2）：78-83.

[94] 刘承焜.促进大学生自主学习的教学模式探究 [J].中国高等教育，2011（17）：58-59.

[95] 王润兰，李铮铮，张晓鑫.大学生网络自主探究学习能力培养 [J].电化教育研究，2010（10）：56-60，68.

[96] 罗祖兵.生成性教学及其基本理念 [J].课程·教材·教法，2000（10）：28-33.

[97] 杨晓新，章伟民.博客在教育中的应用研究 [J].中国远程教育，2010（6）：47-50.

[98] 常正霞.大学生信息素养现状分析 [J].电化教育研究，2011（8）：53-57.

[99] 汪慧芳.高校图书馆在大学生信息素养教育中的作用 [J].群文天地，2010（10）：74-75.

[100] 何高大."美国高等教育信息素养能力标准"及其启示 [J].现代教育技术，2002（3）：24-29.

[101] 杨晓新，章伟民.博客在教育中的应用研究 [J].中国远程教育，2006（6）：47-50.

[102] 程晓堂.论自主学习 [J].学科教育，1999（9）：32-39.

[103] 刘仁坤．关于网络环境下学生自主学习模式构建的探讨 [J]．远程教育杂志，2006（4）：49-52．

[104] 何振炎，黄成忠．在网络环境下提升继续教育学生自主学习能力的研究 [J]．广东工业大学学报（社会科学版），2008（1）：13-15．

[105] 吴子兴．语文阅读教学主体间性研究 [D]．南昌：江西师范大学，2007．

[106] 沈晓敏．对话教学的意义和策略 [D]．上海：华东师范大学，2005．

[107] 李高峰．试析当代中国语境下的生命教育 [J]．教育导刊，2009（4）：7-9．

[108] 刘儒德．建构主义：知识观、学习观、教学观 [J]．人民教育，2005（17）：9-11．

[109] 于化东．加强实践教学环节提高大学生创新实践能力 [J]．中国高等教育，2010（21）：23-25．

[110] 常维亚，邢鹏，赵莉，等．研究型实践教学体系的构建与实施 [J]．中国高等教育，2010（21）：26-28．

[111] 洪明．"反思实践"思想及其在教师教育中的争议：来自舍恩、舒尔曼和范斯特马切尔的争论 [J]．比较教育研究，2004（10）:1-5．

[112] 陈向明．实践性知识：教师专业发展的知识基础 [J]．北京大学教育评论，2003（1）：104-112．

[113] 倪小敏．实践取向：职前教师教育模式的重构 [J]．教师教育研究，2010，22（1）：22-27．

[114] 汪基德．从教育信息化到信息化教育：学习《国家中长期教育改革和发展规划纲要（2010-2020年）》之体会 [J]．电化教育研究，2011（9）：5-10，15．

[115] 罗祖兵．生成性教学及其基本理念 [J]．课程·教材·教法，2006（10）：28-33．

[116] 史宁．复杂思维视野下的高校德育系统研究 [D]．大连：辽宁师范大学，

2009.

[117] 郭方玲, 吉标 . 教学思维方式解读 [J]. 天津市教科院学报, 2006（4）: 51-53.

[118] 朱小蔓, 杨一鸣 . 走向自我成长型教师培养的高师素质教育 [J]. 南京师 范大学学报（社会科学版）, 2002（1）: 61-65.

[119] 沈俊强 . 从"对话"到"苏格拉底式的教育"的跃升: 论存在主义观照 下的教育 [J]. 华东师范大学学报教育科学版, 2008, 26（4）: 23-30.

[120] 杨洲 . 关于语文对话教学生成性思维方式的思考 [J]. 内蒙古师范大学学 报（教育科学版）, 2007（10）:123-125.

[121] 叶澜 . 让课堂焕发出生命活力: 论中小学教学改革的深化 [J]. 教育研究, 1997（9）:3-8.

[122] 刘铁芳 . 试论对话性道德教育模式的建构 [J]. 高等教育研究, 2003（5）: 25-30.

[123] 徐智 . 中小学教师教学反思研究 [D]. 桂林: 广西师范大学, 2005.

[124] 翁凡亚 . 基于视频案例的职前教师教育资源设计与应用模式构建 [J]. 现 代教育技术, 2008（3）: 104-108.

[125] 欧阳华 . 大学课程的建构性研究 [D]. 武汉: 华中科技大学, 2006.

[126] 李田伟 . 价值判断与事实判断的比较分析: 关于教育评价的科学化问题 [J]. 成人教育, 2006（11）: 32-33.

[127] 李锐军 . 谈基于网络环境、电子学档的艺术设计教学变革 [J]. 高教论坛, 2006（4）: 102-103.

[128] 冯茁 . 论教育场域中的对话: 基于教师视角的哲学解释学研究 [D]. 长春: 东北师范大学, 2008.

[129] 陈凯, 马宏佳, 丁小婷 . 职前教师的学习历程研究: 基于优秀化学师范 生网络日志的个案内容分析 [J]. 中国电化教育, 2018（6）: 97-106.

[130] 冷璐. 通过跨国网络日志研究中美加教师共同体的探究型教学实践 [J]. 教师教育研究, 2020, 32（6）: 99-106.

[131] 蒋红斌. "双减" 背景下学生自主学习的价值、限度及其实现 [J]. 教育学术月刊, 2022（4）: 66-72.

[132] 孙佳林, 郑长龙. 自主学习能力评价的国际研究: 现状、趋势与启示 [J]. 比较教育学报, 2021（1）: 67-84.

[133] BARRETT H. Create Your Own Electronic Portfolio [J]. Learning & Leading with Technology, 2000（7）: 15-21.

[134] ABLARD K E, LIPSCHULTZ R E.Self-regulated learning in high-achieving students : Relations to advanced reasoning, achievement goals, and gender[J]. Journal of Education Psychology, 1998, 90（1）: 94.

[135] ARG.Assessment for Learning:Beyond the Black Box.University of Cambridge[R]. UK:Assessment Reform Group, 2002-3-16.

[136] GARNHAM C, KALETA R. Introduction to Hybrid Course [J]. Teaching with Technology Today, 2002（8）: 10-12.

[137] HENSLEY G. Creating a hybrid college course : Instructional design notes and recommendations for beginners [J]. Merlot Journal of Online Learning and Teaching, 2005（2）: 2.

[138] WHELDALL K, BEAMAN R. Using peer-tutor to increase individual instruction [J]. Education today, 2000, 49: 9-14.

[139] YAEL K, RACHEL L, YEHUDIT D. The role of design-principles in designing courses that promote collaborative learning in higher-education [J]. Computers in Human Behavior, 2009, 25（5）: 1067-1078.

[140] HARGREAVES A, EARL L. Perspectives on Alternative Assessment Reform[J].American Educational Research Journal, 2002, 39（1）: 69-95.

[141] LITTLE D. Learner Autonomy I : Definitions, Issues and Problems [M]. Dublin : Authentik, 1991.

[142] BARRETT H. Researching Electronic Portfolios and Learner Engagement: The REFLECT Initiative [J]. Journal of Adolescent & Adult Literacy, 2007, 50 (6) : 436-449.

[143] KAREN P, YORAM E, YAEL A. Pedagogical and Design Aspects a Blended learning course [J]. International Review of Research in Open and Distance Learning, 2009, 10 (2) : 2.

[144] YOUNG J. Hybrid Teaching Seeks to End the Divide Between Traditional and Online Instruction[J]. Chronicle for Higher Education, 2002 (28) : 33.

[145] SHRUNK D, ZIMMERMAN B J. Self-regulation of learning and performance[M]. Hillsdate, NJ : Lawrence Erlbaum Associates, 1994.

[146] BURKE M, FOGARTY S. The Mindful School : The Portfolio Collection [M]. Arling Heights, IL : IRI/Skylight Training&Publishing, 1994.

[147] Barrett H. Electronic Portfolios=Multimedia Development+Portfolio Development : The Electronic Portfolio Development Process [EB/OL]. (2019-10-30) [2023-01-04] http : //electronicportfolios. com/portfolios/ aahe2000.html, 2009-10 30.